Teste Dein Französisch!

Stufe 2

Ein Testbuch für Fortgeschrittene

Von
Monique Peltre

Langenscheidt

Berlin München Wien Zürich

Auflage:	5.	4.	3.	2.	Letzte Zahlen
Jahr:	1983	82	81	80	maßgeblich

Zeichnungen: Herbert Horn
Umschlagentwurf: grafik-dienst A. Wehner
Druck: Presse-Druck Augsburg
Printed in Germany · ISBN 3-468-38511-0

Zur Einführung

Alle Anfänger und viele Fortgeschrittene machen Fehler, die ihre französischsprechenden Partner als merkwürdig, komisch oder peinlich empfinden. Sie gebrauchen das falsche Wort, die falsche Wendung, eine falsche grammatische Form oder eine unkorrekte Aussprache. Mit TESTE DEIN FRANZÖSISCH! bekommt der Französischlernende solche Dinge in den Griff. Seine Französischkenntnisse werden durch Abtesten systematisch aufgebaut.

Das Testprinzip dieses Buches ist das „Multiple-choice-Verfahren", d. h. nach jeder in Französisch gestellten Frage werden dem Lernenden 5 Antworten zur Auswahl angeboten, von denen er eine als die richtige Lösung kennzeichnen muß. Durch Umblättern zu den „Réponses" kann er sich dann selbst kontrollieren; er findet dort auch die Begründung für die richtige Lösung sowie weitere Erläuterungen zum Fragenkomplex.

Diese Methode unterscheidet sich von den herkömmlichen Lernformen. Sie ist anregend, oft amüsant. Die Kürze der Lerneinheit – die Frage – ermöglicht ein zwangloses Arbeiten auch unterwegs oder wenn wenig Zeit zur Verfügung steht.

Trotzdem basiert die Methode auf modernen linguistischen Erkenntnissen. Autorin des vorliegenden Buches ist Monique Peltre, Maître-assistante an der Sorbonne. Als französische Germanistin kennt sie aus langjähriger Lehrerfahrung heraus die Fallen, welche die französische Sprache für die Lernenden bereithält.

TESTE DEIN FRANZÖSISCH! umfaßt zwei Bände, die nach Schwierigkeitsstufen gegliedert sind:

Stufe 1 – ein Testbuch für Anfänger
Stufe 2 – ein Testbuch für Fortgeschrittene

Wenn Sie nur geringe Französischkenntnisse haben, beginnen Sie mit dem Band der Stufe 1. Stufe 2 ist für denjenigen gedacht, der schon einige Jahre Französisch gelernt hat.

So arbeiten Sie mit diesem Buch

- Nach dem Lesen jeder Frage prüfen Sie bitte sorgfältig, welche der nachgestellten 5 Antworten (a–e) die richtige Lösung darstellt.
- Wenn Sie die richtige Antwort gefunden haben, schreiben Sie den entsprechenden Buchstaben (a, b, c, d, e) in das Kästchen am Rand.
- Haben Sie eine Unité durchgearbeitet, so schlagen Sie die „Réponses" auf. Prüfen Sie jetzt, ob Ihre Antworten richtig waren, und studieren Sie die Erläuterungen zu den Fragenkomplexen.
- Ermitteln Sie die Anzahl Ihrer richtigen Antworten und tragen Sie das Ergebnis in das Kästchen für die betreffende Unité auf der Seite „Ihr Testergebnis" ein.
- Auf den Seiten „Wie geht es weiter?" am Ende von Teil A und B werden Ihre Testergebnisse ausgewertet. Anhand dieser Ergebnisse werden Sie feststellen können, wie weit Sie Ihre Kenntnisse erweitert und gefestigt haben.
- Das INHALTSVERZEICHNIS finden Sie auf Seite 175.

TEIL A

Unité 1

1 Où est la faute ?
   a. le prison
   b. le pinson
   c. le poison
   d. le poisson
   e. le raton

2 Quel est le synonyme de *forêt* ?
   a. futé
   b. futaie
   c. futée
   d. futaille
   e. futile

3 On dit : *Il est fier comme* . . .
   a. un roi
   b. un évêque
   c. Artaban
   d. le pape
   e. un comte

4 La vallée est fertile comme le désert est :
   a. sec
   b. aride
   c. verdoyant
   d. infécond
   e. stérile

5 Où est l'erreur ?
a. une trouvaille
b. une entraille
c. une bataille
d. une entrecôte
e. une pagaille

6 Que représente ce dessin ?
a. un poêle
b. une casserole
c. une poêle
d. un poil
e. une marmite

7 Quel est l'intrus ?
a. un corbillard
b. une charrette
c. un chariot
d. une ambulance
e. un hélicoptère

8 Achevez l'expression : *On n'attrape pas des mouches avec* . . .
a. du miel
b. de la confiture
c. du vinaigre
d. de la limonade
e. de la lavande

9 Que signifie *méditer* ?
a. dire du mal d'autrui
b. médire
c. réfléchir longuement à quelque chose
d. mal agir
e. mal parler

10 Où est la faute ?
a. des propos futiles
b. des pas tranquiles
c. un cou gracile
d. un courage civil
e. une allure juvénile

11 Quel est l'intrus dans cette série ?
a. un conte
b. un marquis
c. une duchesse
d. un vicomte
e. une archiduchesse

12 Où est l'erreur ?
a. un greffe
b. une greffe
c. un manœuvre
d. une manœuvre
e. un autostrade

13 Que représente ce dessin ?
a. une estafette
b. un échafaudage
c. un cheval
d. un chevalet
e. une chèvre

14 Si un péril vous menace, il est . . .
a. éminent
b. futur
c. imminent
d. antérieur
e. postérieur

15 *Tromper quelqu'un* ou :
a. mener en erreur
b. induire en erreur
c. conduire en erreur
d. tomber en erreur
e. pousser en erreur

Unité 2

1 Où est l'erreur ?
a. Dans l'environ de Paris
b. Aux dépens de sa santé
c. Il lui coupa les vivres
d. Il s'exerce aux agrès
e. Tout le monde était aux aguets

2 Quel est l'intrus dans cette famille :
a. un tapis
b. une carpette
c. une moquette
d. une tapisserie
e. un paillasson

3 Terminez le proverbe : *Les petits ruisseaux font les grandes* . . .
a. eaux
b. fleuves
c. rivières
d. canaux
e. ruisselets

4 Quel mot est à la fois une fleur et une partie de l'œil ?
a. la pivoine
b. l'iris
c. le myosotis
d. la tulipe
e. l'œillet

5 Où est la faute ?
a. un agrafe
b. une alèse
c. une crêpe
d. un pavé
e. une vérité

6 Que représente ce dessin ?
a. une partiture
b. des notes
c. une œuvre musicale
d. une partition
e. un texte

7 Quel est l'intrus ?
a. joaillier
b. bijoutier
c. alliance
d. diamant
e. forgeron

8 Achevez le proverbe : *C'est en forgeant qu'on devient . . .*
a. tisserand
b. forgeron
c. forgeur
d. compagnon
e. champion

9 Une *ballerine* est une danseuse, mais aussi . . .
a. un vêtement de protection
b. une chaussure plate sans talon
c. une figurine de porcelaine
d. une balustrade
e. une petite balle

10 Où est l'erreur ?
a. Elle a des yeux rieurs.
b. Sans raison majeure, vous ne pouvez rompre le contrat.
c. Cette femme est ambitieuse.
d. Il casse tout dans sa fureur vengeuse.
e. Elle prit un air songeur.

11 Quel mot n'est pas de la même famille ?
a. le furet
b. la fureur
c. une furie
d. je suis en furie
e. il est furieux

12 Cherchez l'erreur :
a. une escompte
b. un esclandre
c. une ruse
d. un tentacule
e. un pétale

13 Que représente ce dessin ?
- a. une pomme de pin
- b. un hérisson
- c. un porc-épic
- d. un hérétique
- e. un héritier

14 Où est l'erreur ?
- a. Méfie-toi ! N'approche pas de ce cheval ombragé.
- b. Prenons ce petit chemin ombragé.
- c. Comme cette forêt ombreuse est agréable par cette canicule !
- d. Un rien irrite cet esprit ombrageux.
- e. Il fait frais sous ces ombrages.

15 Achevez par une expression imagée:
Isabelle, interviens en ma faveur auprès du patron . . .
- a. car il ne m'aime pas.
- b. car tu as la cote auprès de lui.
- c. car tu sais le prendre.
- d. car il t'écoute toujours.
- e. car il ne peut pas te voir.

Unité 3

1 Vérifiez les pluriels:
   a. un pneu, des pneux
   b. un feu, des feux
   c. un seau, des seaux
   d. un coucou, des coucous
   e. un caillou, des cailloux

☐

2 Que ne mettrez-vous pas dans votre gâteau?
   a. des œufs
   b. du sucre
   c. des raisins
   d. des amendes
   e. de la farine

☐

3 On dit: *Il est sérieux comme* . . .
   a. un moine
   b. un croque-mort
   c. un pape
   d. un évêque
   e. un sacristain

☐

4 Jean et Isabelle sont nés le même jour. Ils sont . . .
   a. un couple
   b. un duo
   c. des jumeaux
   d. frère et sœur
   e. des doublets

☐

5 Cherchez l'erreur :
a. une prophétie
b. une amnistie
c. une incendie
d. une démocratie
e. une filouterie

6 Que représente ce dessin ?
a. une valise
b. un coffre
c. une mallette
d. un sac de voyage
e. une malle

7 Quel est l'étranger dans cette série ?
a. voler
b. enlever
c. prendre
d. dérober
e. restituer

8 Terminez le proverbe : *Tant va la cruche à l'eau, qu'elle* . . .
a. se brise
b. se casse
c. se remplit
d. se vide
e. éclate

9 Henri IV fut un roi très . . .
a. populeux
b. populaire
c. populace
d. populacier
e. popularisé

10 Où est l'erreur ?
a. Il s'agit d'une maladie bénine.
b. Cette fillette est encore fluette.
c. On entendit sa voix coléreuse.
d. Chantez-moi mon air favori.
e. Ce fromage a une pâte molle.

11 Quel est l'étranger dans la série ?
a. un épisode
b. un chapitre
c. une aventure
d. une partie
e. une histoire

12 Cherchez l'erreur :
a. un armistice
b. une arôme
c. un automne
d. une écharde
e. un incendie

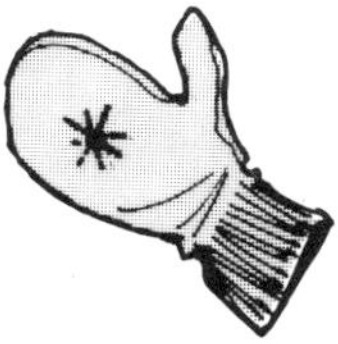

13 Qu'est-ce que c'est ?
a. c'est un gant
b. c'est une moufle
c. c'est un mouflon
d. c'est un mouflet
e. c'est un mufle

14 Si un fait est connu de tous, il est:
a. notable
d. notifié
b. notoire
e. notaire
c. notifiable

15 Quelle tournure signifie: *Faire de belles promesses à quelqu'un?*
a. Promettre des châteaux.
b. Promettre monts et merveilles.
c. Promettre des montagnes dorées.
d. Faire avaler des couleuvres à quelqu'un.
e. Promettre des miracles.

Unité 4

---

1 Vérifiez les pluriels; où est l'erreur?
a. un verrou, des verrous
b. un bambou, des bambous
c. un trou, des trous
d. un bijou, des bijous
e. un clou, des clous

2 L'étranger dans cette série?
a. le curé
b. le pasteur
c. le rabbin
d. l'abbé
e. la moniale

3 Achevez: *Prends ce costume, . . .*
- a. il te va comme un gant.
- b. il ne te va pas.
- c. il est trop grand pour toi.
- d. il est un peu juste.
- e. il est trop petit.

☐

4 Un règlement *draconien* est un règlement:
- a. généreux
- b. souple
- c. très sévère
- d. injuste
- e. excessif

☐

5 Où est l'erreur?
- a. une ancre
- b. un cancre
- c. un écritoire
- d. une oasis
- e. une prison

☐

6 Que représente ce dessin?
- a. c'est un voilier.
- b. c'est un bateau à moteur.
- c. c'est une barque avec un rameur.
- d. c'est un canot pneumatique.
- e. c'est une planche à voile.

☐

7 Quel est le synonyme de *faste* ?
a. histoire
b. chronique
c. pompe
d. fatigue
e. lassitude
☐

8 Quand il ne s'agit pas des blés,
être fauché signifie :
a. être achevé
b. être sans argent
c. avoir été volé
d. voler quelque chose à quelqu'un
e. être coupé
☐

9 Qui ferre les pieds de votre cheval ?
a. le forgeron
b. le ferrailleur
c. le joaillier
d. la maréchaussée
e. le maréchal-ferrant
☐

10 Où est l'erreur ?
a. Aimez-vous les crêpes bretones ?
b. Le vin la rendit guillerette.
c. Les enfants jouent dans la cour intérieure.
d. Ce n'est qu'une farce bouffonne.
e. Ce nom est très évocateur.
☐

11 Quel mot est étranger à cette famille ?
a. un foret
b. un forage
c. une forêt
d. une foreuse
e. un foreur
☐

12 Où est la faute ?

a. un alcool
b. un apogée
c. un apologue
d. une épilogue
e. un dialogue

13 Que fait-il ?

a. Il joue de l'harmonica.
b. Il joue de l'harmonium.
c. Il joue de l'accordéon.
d. Il joue d'un instrument à cordes.
e. Il joue du piano.

14 Vérifiez la propriété des mots.
Où s'est glissée l'erreur ?

a. Il faut changer le pneu de votre voiture.
b. Allez vous changer ! Vous êtes tout mouillé.
c. J'échange des timbres avec une amie.
d. Je vais échanger mes vêtements pour aller au théâtre.
e. Avez-vous changé les draps ?

15 Achevez l'expression : *Cette histoire est* . . .
a. inventée de A à Z.
b. inventée de toutes pièces.
c. inventée de part en part.
d. totalement juste.
e. tout à fait vraie.

Unité 5

1 Où est l'erreur ?
a. Elle se meut avec aisance.
b. Nous nous mouvons avec difficulté.
c. J'émeus les bonnes âmes.
d. Je veux te faire un cadeau.
e. Je peus t'aider, si tu le veux.

2 Quel est l'étranger dans la famille ?
a. incendie
b. incendier
c. incendiaire
d. encenser
e. pompier

3 On dit : *courir comme* . . .
a. un voleur
b. un champion
c. un furet
d. un dératé
e. un lévrier

4 Lequel de ces légumes pourrait avoir un rapport avec votre vue?

a. petits pois
b. choux-fleur
c. haricots verts
d. lentilles
e. carottes

5 Attention aux articles!

a. un passé
b. une futur
c. un avenir
d. un présent
e. un souvenir

6 Qu'est ce qui entoure cette église?

a. un échafaud
b. un échafaudage
c. des attelles
d. un attelage
e. des échelles

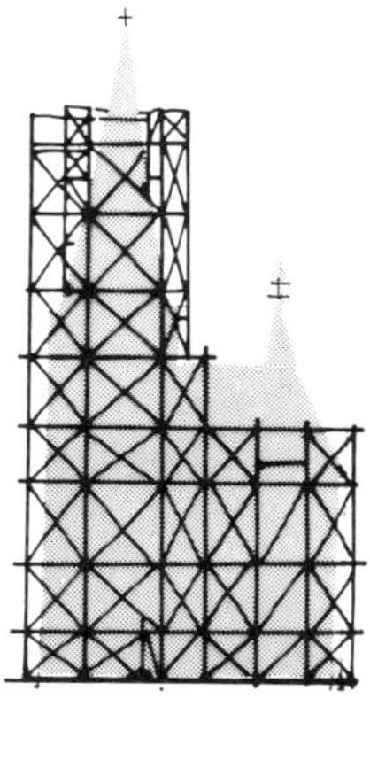

7 Quel est l'étranger dans la famille?

a. trognon
b. pomme
c. trogne
d. pommier
e. pépin

8 Que signifie: *parler sans ambages?*
a. parler sans vergogne
b. parler sans honte
c. parler sans préambule
d. parler sans détours
e. parler avec une arrière-pensée

9 Un *pédicure* s'occupe:
a. des enfants
b. des nourrissons
c. des petits chiens
d. de vos pieds
e. de vos chaussures

10 Trouvez l'erreur:
a. va
b. viens immédiatement
c. ferme la porte
d. ouvris tes oreilles
e. finis le potage

11 Quel mot n'est pas de la même famille?
a. une trompette
b. un trompette
c. un trompettiste
d. un trompeteur
e. un trompeur

12 Où est la faute?
a. C'est le moment de parler.
b. Il est temps que cela finisse.
c. Il est temps que je pars.
d. Il est temps de sortir le chien.
e. C'est l'heure de nous mettre en route.

13 Que font ces deux hommes?
- a. ces deux hommes discutent
- b. ils se disputent
- c. ils combattent
- d. ils dansent
- e. ils font de la boxe *ou* ils boxent

14 Qu'est-ce qu'un *brise-fer?*
- a. quelqu'un dont le métier est de briser la vieille ferraille
- b. un brise-tout
- c. un ferrailleur
- d. un outil pour briser le fer
- e. un vent qui brise le fer

15 Que signifie: *Il n'a pas inventé la poudre?*
- a. Il n'est pas l'inventeur de la poudre.
- b. Il n'a pas une intelligence au-dessus de la moyenne.
- c. Ce n'est pas un grand soldat.
- d. Il n'est pas un grand chercheur.
- e. Il a pris la poudre d'escampette.

Unité 6

1 Cherchez l'erreur:

a. un somme
b. une somme
c. un tour
d. une tour
e. un azalée

2 Quel est l'étranger dans la famille?

a. soutane
b. chapelet
c. encens
d. ordres
e. hôtel

3 Terminez la locution: *Il faut manier la carotte et* . . .

a. le vinaigre
b. le sucre
c. le bâton
d. le martinet
e. le fouet

4 De nos jours, la concierge est appelée *gardienne*, comme le paysan est devenu . . .

a. un agriculteur
b. un fermier
c. un exploitant agricole
d. un ouvrier agricole
e. un métayer

5 Découvrez la faute:
a. des hibous
b. des trous
c. des binious
d. des acajous
e. des loups

6 Qu'est-ce exactement?
a. c'est un portillon.
b. c'est une barrière.
c. c'est une clôture.
d. c'est une grille en fer forgé.
e. c'est un portail.

7 Quel est le mot qui englobe tous les autres?
a. le restaurant
b. le plateau-repas
c. le libre-service
d. la restauration
e. le buffet

8 Que signifie *marquer le pas ?*
a. progresser
b. marcher à pas cadencé
c. ne pas avancer, stagner
d. aller de l'avant
e. faire une marque à l'endroit où l'on se trouve

☐

9 Un navire qui s'arrête dans un port pour repartir fait . . .
a. une escalade
b. un arrêt
c. une halte
d. une escale
e. une pause

☐

10 Où est la faute ?
a. Ne pars pas si vite !
b. Parle plus lent, s'il te plaît.
c. Entre très doucement dans la chambre du malade.
d. Je partirai demain à 10 heures précises.
e. Travaillez bien en classe.

☐

11 Quel est l'étranger dans cette série ?
a. un estaminet
b. un troquet
c. un bistrot
d. le zinc
e. une étamine

☐

12 Vérifiez l'emploi de *en* et *y*. Où est l'erreur ?
a. Vont-ils au cirque ? Ils y vont.

b. Prenez-vous beaucoup de sucre? J'en prends deux.
c. Y a-t-il de la bière? Oui, il y en a encore.
d. Le tigre rentre-t-il dans sa cage? Non, il n'en va pas.
e. M. Durand parle-t-il de son métier? Oui, il en parle toujours.

13 Que fait-il?
a. Il descend l'escalier.
b. Il descend sur la rampe de l'escalier.
c. Il se tient à la rampe.
d. Il descend sur la barrière.
e. Il descend sur la balustrade.

14 Qu'est-ce que la *maréchaussée?*
a. une chaussée qui empêche la marée d'envahir les terres
b. la gendarmerie
c. une route bordant la mer
d. une chaussée envahie par la mer à marée haute
e. l'ensemble des maréchaux

15 Que veut dire : *Il a pris la poudre d'escampette ?*
a. Il a pris un médicament.
b. Il a fait une escapade.
c. Il a pris la fuite.
d. Il a pris (enlevé) la poudre à une escampette.
e. Il a tout escamoté.

Unité 7

1 Où est l'erreur ?
a. un physique
b. une physique
c. un alcôve
d. une écharde
e. un cygne

2 Quel est l'étranger dans cette série ?
a. résonner
b. écho
c. son
d. raisonner
e. trompe

3 Que signifie : *Etre dans les transes ?*
a. être en transe
b. délirer
c. avoir très peur
d. dire n'importe quoi
e. transiger

4 Si vous avez des difficultés d'argent, vous avez des difficultés . . .
a. pécunières
b. pécuniaires
c. argentières
d. argentines
e. financiaires

5 Découvrez la faute:
a. des poitrails
b. des vitrails
c. des portails
d. des coraux
e. des rails

6 Qu'est-ce qui manque?
a. le soleil
b. le chapeau
c. le veston
d. les chaussures
e. l'ombre

7 Quel mot n'est pas de la même famille?
a. iriser
b. ricaner
c. railler
d. rire sous cape
e. ironiser

8 Que signifie: *emporter ses pénates?*
a. emporter son or
b. emporter ses richesses
c. enlever ses enfants
d. déménager, changer d'habitation
e. emporter ses provisions

9 Quand un maréchal-ferrant garnit le sabot d'un cheval d'un fer, c'est . . .
a. une ferrade
b. un ferrage
c. une ferraille
d. une ferronnerie
e. un ferraillement

10 Où est la faute?
a. Il vient de manger une orange.
b. Peux-tu aller cherché un taxi?
c. As-tu fermé les volets?
d. Va acheter du pain.
e. Voulez-vous me présenter votre amie?

11 Quel est l'étranger dans la famille?
a. pompiste
b. pompe
c. pompon
d. pomper
e. essence

12 Découvrez la faute:
a. Il me faut partir aujourd'hui.
b. Il faut que vous cherchez cet article.
c. Il faut que nous fassions une promenade ensemble.
d. Il faut venir me voir plus souvent.
e. Il vous faut acheter une voiture.

13 Quelle affirmation est inexacte ?
- a. c'est un cavalier en promenade
- b. il porte une armure
- c. il tient un bouclier
- d. il tient une lance
- e. c'est un chevalier

14 Un moment bien choisi est un moment . . .
- a. opportun
- b. importun
- c. désirable
- d. inattendu
- e. mal choisi

15 Que veut dire : *Elle n'est pas sortie de la cuisse de Jupiter ?*
- a. c'est un animal
- b. c'est un hermaphrodite
- c. c'est quelqu'un de très intelligent
- d. c'est un mythe
- e. c'est quelqu'un qui n'est pas très intelligent

Unité 8

1 Où est l'erreur ?
a. une note
b. une mode
c. la poste
d. la gent
e. un apothéose

☐

2 Quel est l'étranger dans la série ?
a. volcan
b. lave
c. cendres
d. bombes
e. glacier

☐

3 Achevez l'expression : *Ce chemin est semé . . .*
a. d'embûches
b. de bûches
c. d'épines
d. de cailloux
e. de pavés

☐

4 Une mince *tranche* de veau ou de poisson est :
a. un bifteck
b. une escalope
c. une darne
d. un tournedos
e. un rumsteck

☐

5 Cherchez l'erreur :
a. des joyaux
b. des landaux
c. des émaux
d. des naseaux
e. des chevaux

☐

6 Qu'est-ce?
a. un chœur
b. une fanfare municipale
c. un trio
d. une musique militaire
e. un orchestre symphonique

7 Quel mot ne fait pas partie de la famille?
a. papillon
b. papillonner
c. ailes
d. pattes
e. papilloter

8 Que veut dire: *Marcher* (*ou courir*) *sur les brisées de quelqu'un?*
a. suivre l'exemple de quelqu'un
b. suivre sa trace
c. entrer en concurrence avec quelqu'un
d. suivre le même chemin
e. reconnaître quelqu'un comme son maître

9 Quel est le synonyme de : *exhumer ?*
a. déterrer
b. enterrer
c. humer
d. flairer
e. renifler

10 Où est l'erreur ?
a. Les Dupont habitent une vieille maison.
b. Elle est entourée d'un vieux jardin.
c. Un vieux arbre est planté derrière la maison.
d. Au printemps nous venons admirer les fleurs nouvelles.
e. Aux beaux jours nous déjeunons dans le jardin.

11 Un gobelet peut être en différentes matières. Laquelle trouvez-vous aussi dans votre œil ?
a. étain
b. cristallin
c. verre
d. cristal
e. vermeil

12 Vérifiez l'emploi de *en* et *y*. Découvrez l'erreur :
a. Cette voiture vient de Paris : elle en vient.
b. Jean va à Reims : il y va.
c. Chantal pense à son travail : elle en pense.
d. Le chauffeur parle de son médecin : il en parle.
e. Fait-il chaud chez vous ? Oui, il y fait chaud.

13 Que ne direz-vous certes pas?
a. Il fait ses ablations.
b. Il se lave.
c. Il prend une douche.
d. Il se savonne.
e. Il fait sa toilette.

14 Attention à l'emploi de *pouvoir* et *savoir:* où est l'erreur?
a. Savez-vous conduire?
b. Savez-vous nous conduire en ville maintenant?
c. Pouvez-vous venir un instant?
d. Savez-vous jouer du piano?
e. Savez-vous l'heure qu'il est?

15 Lorsqu'on parle des *enfants de la balle,* on parle . . .
a. des enfants qui jouent au ballon.
b. des enfants d'un club de tennis.
c. des enfants des joueurs de football.
d. des enfants s'exerçant à tirer des balles.
e. des enfants élevés dans la profession de leur père.

Unité 9

1 Cherchez l'erreur:
a. un incendie
b. une asile
c. un lange
d. un insigne
e. un chantage

2 Quel est l'étranger dans la famille?
a. hâtivement
b. vite
c. rapidement
d. à grands pas
e. à pas comptés

3 Quand vous revenez de la piscine, vous avez très faim, ou:
a. une faim de loup
b. une faim d'ours
c. une faim de quatre
d. un appétit d'oiseau
e. vous ne pouvez rien avaler

4 Quel mot a à peu près la même signification que: *demander?*
a. exiger
b. interroger
c. vouloir
d. avoir
e. manquer

5 Y a-t-il un mot qui se prononce autrement que les autres ?
   a. ver
   b. verre
   c. vers
   d. vair
   e. vert

6 Que représente ce dessin ?
   a. un compas
   b. une montre
   c. un chronomètre
   d. un cercle
   e. une boussole

7 Quel mot ne convient pas dans la série ?
   a. pavillon
   b. villa
   c. baraque
   d. caravane
   e. voiture

8 Si toute la salle riait en la voyant, vous pouvez dire aussi :
   a. Toute la salle se tenait le ventre de rire.
   b. Toute la salle se tenait les côtes.
   c. Tout le monde se tapait sur le ventre.
   d. Tout le monde riait sous cape.
   e. Tout le monde ricanait.

9 Même avec beaucoup d'imagination, le vent ne peut pas:
a. souffler
b. siffler
c. aboyer
d. mugir
e. rugir

10 Cherchez l'erreur:
a. Admirez cette silhouette juvénile.
b. Il n'a pas un caractère docile.
c. La foule devint hostile.
d. Ecoute ce rire débile.
e. D'où vient ce parfum subtile?

11 Qu'est-ce qui n'est pas un fromage?
a. le roquefort
b. le camembert
c. le chèvre
d. le gruyère
e. le fromage de tête

12 Qu'est-ce qui est faux?
a. En 1822, Napoléon est mort à Saint-Hélène.
b. Napoléon est mort en 1822.
c. En l'année 1822, Napoléon est mort.
d. En l'an de grâce 1822, Napoléon est mort.
e. 1822 est Napoléon mort.

13 Où est l'impropriété ?
a. Ces promeneurs se sont assis à l'ombre.
b. Ce joli jardin est ombrageux.
c. Un couple est assis sur un banc.
d. Le banc est abrité du soleil.
e. Ces arbres sont peut-être centenaires.

14 Laquelle de ces affirmations contredit les autres ?
a. Il est taciturne.
b. Il est muet.
c. Il n'est pas loquace.
d. Il est éloquent.
e. Il est silencieux.

15 Que signifie : *Notre voyage est tombé à l'eau ?*
a. Il a plu durant notre voyage.
b. La pluie a arrosé notre voyage.
c. Nous avons renoncé à notre voyage.
d. Nous sommes tombés dans l'eau durant notre voyage.
e. Notre voyage n'a pas eu lieu.

Unité 10

1 Quel mot a un son différent des quatre autres ?
a. maïs
b. paix
c. mais
d. mets
e. mai

2 Qu'est-ce qui n'éclaire pas, ou pas beaucoup ?
a. un lustre
b. une lampe de chevet
c. un ver luisant
d. une applique
e. un lampadaire

3 Achevez l'expression : *La plus belle fille du monde ne peut donner . . .*
   a. que sa beauté
   b. que sa veste
   c. que son honneur
   d. que ce qu'elle a
   e. que ce qu'elle veut donner

4 Quelle phrase est impossible ?
   a. Il écoute un disque.
   b. Je lance le disque.
   c. Le disque du soleil descend à l'horizon.
   d. La lune a la forme d'un disque d'argent.
   e. Ce disque est carré.

5 Où est l'erreur ?
   a. un gaz
   b. une gaze
   c. une poêle
   d. un poêle
   e. une poème

6 Que met la comtesse pour lire sa lettre ?
   a. un face-à-main
   b. des lunettes
   c. des jumelles
   d. un monocle
   e. un lorgnon

7 Une femme peut se coiffer de différentes façons. Quand cache-t-elle ses propres cheveux ? Quand elle a . . .
a. une natte
b. un chignon
c. une perruque
d. des couettes
e. des bandeaux

☐

8 Terminez la phrase : *Cet homme ment comme . . .*
a. un beau parleur
b. un politicien
c. un représentant
d. un arracheur de dents
e. un avocat

☐

9 Qu'est-ce qu'un bulletin ?
a. une petite bulle de savon, d'air
b. une boulette
c. une boule ronde
d. un petit papier où l'on exprime son vote, par exemple
e. un décret du pape

☐

10 Devant quel mot pouvez-vous mettre à la fois *un* et *une* ?
a. un journal
b. un aide
c. un habit
d. un drame
e. un arôme

☐

11 Qu'est-ce qui ne fait pas partie de la famille de *lait* ?
a. laiteux
b. laitier
c. laiterie
d. laiton
e. laitue

12 Où est l'erreur ?
a. Remercie à la dame.
b. Dis merci à la dame.
c. Remercie le ciel.
d. Rends grâces au ciel de t'avoir épargné.
e. Merci à tous.

13 Qu'est-ce que le jardinier tient dans ses bras ?
a. une brassée de fleurs
b. un bras plein de fleurs
c. un bouquet de fleurs
d. un pot de fleurs
e. un vase de fleurs

14 Le mot *tambour* ne peut pas être:
a. un instrument de musique à percussion
b. l'homme qui joue de cet instrument
c. porte spéciale pour empêcher le froid de pénétrer dans l'édifice
d. cylindre autour duquel s'enroule une corde ou une chaîne
e. un ustensile de cuisine

15 Donnez une expression signifiant *ne pas abandonner, suivre les choses attentivement, se tenir au courant*.
a. Il faut toujours rester près de la balle.
b. Il faut rester dans le coup.
c. Il faut rester près du ballon.
d. Il faut suivre le courant.
e. Il faut se laisser emporter par le courant.

Unité 11

1 Cherchez l'erreur:
a. le puit
b. le torrent
c. la rivière
d. le fleuve
e. le lac

2 Quel est l'étranger dans cette famille ?
a. framboise
b. groseille
c. fraise
d. cerise
e. asperge

3 Que signifie : *Il n'a pas mâché ses mots ?*
a. Il n'articule pas.
b. Il n'a pas ouvert la bouche.
c. Il parle indistinctement.
d. Il a dit très clairement et brutalement ce qu'il pensait.
e. Il n'a pas réfléchi à ses paroles.

4 Quel est le synonyme de *futile ?*
a. sérieux
b. frivole
c. grave
d. important
e. sans importance

5 Où est l'erreur ?
a. la rage
b. le ramage
c. le tapage
d. le blamage
e. la page

6 Quel est le nom de cet animal ?
a. un cerf
b. une biche
c. un daim
d. une daine
e. un bouquetin

☐

7 Quel est l'étranger dans cette famille ?
a. cheval
b. selle
c. sabot
d. crinière
e. moustache

☐

8 Que signifie : *Je me suis trouvé nez à nez avec mon ancien instituteur ?*
a. Je me suis trouvé en face de lui.
b. Nos nez se sont heurtés.
c. Nous étions tout près l'un de l'autre.
d. Je l'ai rencontré par hasard, sans m'y attendre.
e. Je l'ai rencontré après lui avoir donné rendez-vous.

☐

9 Quel mot n'existe pas ?
a. un casse-pied
b. un casse-noisette
c. un casse-pipes
d. un casse-cou
e. un casse-col

10 Quel est le pluriel de : *un monsieur ?*
a. deux messieurs
b. deux monsieurs
c. deux sieurs
d. deux mésieurs
e. deux messieures

11 Attention ! Lequel de ces mots risque d'être pris pour une injure ?
a. laboureur
b. agriculteur
c. fermier
d. métayer
e. paysan

12 Où est l'erreur ?
a. Redites-moi ce que vous avez dit.
b. Vous prédites l'avenir.
c. Vous me dites qu'il n'est pas encore arrivé.
d. Ne me contredisez pas, je vous prie.
e. Ils nous interdisent de passer sur leur propriété.

13 Quelle phrase est correcte ?
a. Aide-moi à ramasser les pommes.
b. Aide à moi à ramasser les pommes.
c. Secours-moi à ramasser les pommes.
d. Aide-moi de ramasser les pommes.
e. Secours à moi pour ramasser les pommes.

14 Où est l'erreur ?
a. Dans le danger, invoquez les Saints !
b. Emu, il invoque son passé.
c. Vous pouvez invoquer mon témoignage devant le tribunal.
d. Elle évoque un instant ses chers disparus, ses parents morts depuis longtemps.
e. Invoquons les dieux, ils viendront à notre secours.

15 Que veut dire : *Mi-figue, mi-raisin ?*
a. Il s'agit d'une plante bâtarde.
b. Il s'agit de quelque chose de bancal.
c. Avoir l'air indécis.
d. Etre pince-sans-rire.
e. Moitié de gré, moitié de force.

Unité 12

1 Lequel de ces mots est féminin ?
a. incendie
b. hospice
c. insigne
d. moustique
e. acoustique

2 Quel est l'étranger dans cette famille ?
a. étang
b. roseau
c. nénuphar
d. grenouilles
e. palmier

3 *Vous me racontez des balivernes* veut dire :
a. Vous me racontez des histoires incroyables.
b. Vous me racontez des histoires amusantes.
c. Vous me dites des mensonges.
d. Vous voulez me tromper.
e. Vous me racontez des choses sans importance, des choses futiles.

4 Quand deux personnes interprètent différemment une même phrase, il y a . . .
a. malentendu
b. mésentente
c. mésalliance
d. incompréhension
e. erreur

5 Où est la faute?
a. un accompte
b. un comté
c. un conte
d. un comte
e. un compte

6 Que font-ils?
a. ils marchent
b. ils se promènent
c. ils font la queue
d. ils font la course
e. ils se poursuivent

7 Laquelle de ces embarcations vous semble la moins confortable ?
a. un radeau
b. un navire
c. un bateau
d. un voilier
e. une barque

8 Quelle est l'expression correcte ?
a. On l'habilla de pied en tête chez le meilleur tailleur de la ville.
b. On l'habilla de pied en cap chez le meilleur tailleur de la ville.
c. On l'habilla de pied en cape . . .
d. On l'habilla des pieds à la tête . . .
e. On l'habilla de pieds en caps . . .

9 Parmi ces mots qui se prononcent de la même façon, lequel désigne une couleur ?
a. verre
b. vers
c. vert
d. vair
e. ver

10 Où est l'erreur ?
a. Ecoutez ma chanson favorie.
b. Tu es ma petite fille chérie.
c. Nous avons vu une fourmi ailée.
d. Il prit un air malin.
e. Elle le regarda, pétrifiée.

11 Quel est l'étranger dans la famille ?

a. coudre
b. broder
c. tricoter
d. crocheter
e. danser

☐

12 Où est l'erreur ?

a. Les sarraus de nos grand-mères sont de nouveau à la mode.
b. Les canaux irriguent cette région.
c. Les naseaux des chevaux exhalaient une vapeur blanche.
d. Les fabliaux racontent des histoires d'animaux et d'hommes.
e. Les cardinals sont vêtus de pourpre.

☐

13 Où est l'erreur ?

a. Cet homme se promène au bord de la mer.
b. Une falaise surplombe la mer.
c. Un rocher est sur le point de se détacher.
d. Le promeneur ignore le danger éminent.
e. Sinon, il presserait ou ralentirait le pas !

☐

14 Où est l'impropriété ?
   a. Il a fait illusion à mon passé.
   b. Je n'aime pas vos allusions à cette affaire.
   c. Elle se fait des illusions au sujet de cet emploi.
   d. Un mirage est une illusion de la vue.
   e. J'ai fait allusion à mes services passés.

15 Que signifie : *dorer la pilule à quelqu'un ?*
   a. Lui faire avaler une pilule agréable.
   b. Lui raconter une histoire invraisemblable.
   c. Lui raconter des mensonges.
   d. Lui faire accepter par des paroles aimables une chose désagréable.
   e. Enjoliver une situation.

Unité 13

1 Où est l'erreur ?
   a. j'achève
   b. tu prends
   c. il acquérit
   d. elle plaît
   e. nous acquérons

2 Qu'est-ce qui ne provient pas du porc ?
a. le saucisson
b. le jambon
c. le lard
d. le rumsteck
e. le fromage de tête

3 Que signifie : *Ils ont travaillé dur, mais ils sont arrivés au bout du tunnel ?*
a. Ils ont construit un tunnel et ont terminé.
b. Ils ont eu de la peine à traverser un tunnel.
c. Ils ont encore une longue route à parcourir.
d. Le plus dur est fait.
e. Ils ne sont pas sortis de l'auberge.

4 Quel est le féminin de *garçon ?*
a. garçonne
b. fille
c. fillette
d. femme
e. garçonnet

5 Vérifiez les pluriels :
a. un étau, des étaux
b. une eau, des eaux
c. une faux, des faux
d. un landau, des landaux
e. un fléau, des fléaux

6 Qu'est-ce ?
a. c'est un temple protestant
b. c'est une église
c. c'est une chapelle
d. c'est un temple grec
e. c'est une pagode

7 Tous ces bâtiments abritent des animaux dans la ferme, sauf . . .
a. l'écurie
b. le poulailler
c. la grange
d. la porcherie
e. la niche

8 Jean n'a eu qu'une petite amende pour son excès de vitesse ; je trouve . . .
a. qu'il s'en est tiré à bon compte.
b. qu'il s'en est tiré avec un œil bleu.
c. qu'il l'a payé très cher.
d. qu'il a été bien puni.
e. qu'il l'a bien mérité.

9 Quel est l'intrus?
a. consoler
b. consolation
c. console
d. consolateur
e. consolant

10 Où est la faute?
a. Tu recouds la couture de ton pantalon.
b. Nous cousons le soir, après le dîner.
c. L'armée vaint l'ennemi.
d. Elle découd cette couture.
e. Le médecin secourt le blessé.

11 Quel est l'étranger dans la famille?
a. lutte
b. combat
c. querelle
d. dispute
e. entente

12 Qu'est-ce qui n'est pas possible? (Attention aux temps!)
a. Pierre se promenait sur une route tranquille.
b. C'était déjà la nuit.
c. Tout-à-coup un homme surgissait.
d. Pierre eut peur.
e. Mais l'homme était un voisin.

13 Où est l'erreur?

a. Ces deux voitures sont entrées en collusion.
b. Le choc a été brutal.
c. La 2 CV a l'avant complètement enfoncé.
d. Le camion n'a pas beaucoup souffert.
e. Heureusement qu'il n'y a que des blessés légers!

14 Si vous cherchez à équilibrer les pouvoirs, vous exercez une influence . . .

a. pondérale
b. pondératrice
c. pondérée
d. pondeuse
e. pondérable

15 Que signifie l'expression familière: *Pierre et Paul vont draguer sur les Champs-Elysées le samedi soir ?*
- a. Ils nettoient les Champs-Elysées.
- b. Ils vont à la pêche sur les Champs-Elysées.
- c. Ils balayent les Champs-Elysées.
- d. Ils curent les ruisseaux des Champs-Elysées.
- e. Ils cherchent des aventures, des rencontres de hasard avec de belles inconnues sur les Champs-Elysées. ☐

Unité 14

---

1 Où est l'erreur ?
- a. un grelot
- b. une archive
- c. un archiviste
- d. une guenille
- e. un haillon ☐

2 Que ne pourriez-vous pas mettre à votre pied ?
- a. babouche
- b. cagoule
- c. botte
- d. savate
- e. sabot ☐

3 Que signifie : *Il m'a fait marcher avec son histoire ?*
- a. Il m'a fait courir loin.
- b. Il s'est moqué de moi.
- c. Il m'a fait marcher longtemps.
- d. Il m'a amusé.
- e. Il m'a raconté une histoire amusante. ☐

4 Quelle affirmation prendrez-vous au pied de la lettre (= littéralement) ?
   a. Il est dans la lune.
   b. Il va sur la lune.
   c. Il veut décrocher la lune.
   d. Il vous promet la lune.
   e. Il demande la lune.

5 Cherchez l'erreur :
   a. une aptitude
   b. une latitude
   c. une lassitude
   d. une habitude
   e. un solitude

6 Que font-ils exactement ?
   a. ils déjeunent
   b. ils mangent
   c. ils pique-niquent
   d. ils se reposent
   e. ils se détendent

7 Quel est l'étranger dans la famille?
a. les skis
b. les patins à glace
c. les bâtons de ski
d. l'anorak
e. les lunettes sous-marines

☐

8 Que veut dire l'expression familière:
Il ne se foule pas?
a. Il fait tout ce qu'il peut.
b. Il travaille énormément.
c. Il ne se fait pas mal.
d. Il s'est fait mal à la cheville.
e. Il ne fait pas beaucoup d'efforts.

☐

9 Quel mot n'a pas le même sens?
a. Il est épouvanté.
b. Il est époustouflé.
c. Il est effrayé.
d. Il est apeuré.
e. Il a peur.

☐

10 Cherchez l'erreur:
a. des bals
b. des festivals
c. des idéaux
d. des chevaux
e. des récitaux

☐

11 Quel est l'étranger?
a. la gazette
b. le gazouillis
c. le journal
d. la revue
e. l'illustré

☐

12 Attention aux temps! Où est l'erreur?
a. Tous les jours, Mme Dupont allait se promener.
b. Elle suivit toujours l'avenue jusqu'au parc.
c. Là, dans le parc, elle s'asseyait sur un banc.
d. Mais ce jeudi-là, elle dût choisir une chaise, car tous les bancs étaient occupés.
e. Vers cinq heures, elle rentrait à la maison.

☐

13 Quelle affirmation est fausse?
a. c'est un chansonnier
b. il s'accompagne sur sa guitare
c. c'est un chanteur
d. il est bien connu
e. c'est une vedette

☐

14 Qu'est-ce qu'un illusionniste?
a. c'est un illuminé
b. c'est quelqu'un qui se fait des illusions
c. c'est un prestidigitateur
d. c'est un faussaire
e. c'est un trompeur

☐

15 Employez une expression imagée pour:
Le discours de l'avocat fut décisif en sa faveur.
a. Le discours de l'avocat l'emporta.
b. Le discours de l'avocat fit une grande impression.
c. Le discours de l'avocat fit pencher la balance en sa faveur.
d. Le discours de l'avocat fit l'effet d'une douche froide.
e. Le discours de l'avocat remit tout en cause.

Unité 15

1 Cherchez la faute:
a. le riz
b. le puits
c. le ris
d. le nids
e. la rixe

2 Voici quelques mots – masculins – pour désigner les enfants. Un intrus s'égare dans cette liste. Lequel?
a. un gamin
b. un gosse
c. un môme
d. un mouflet
e. un piaf

3 Quelle expression signifie:
brusquement, sans précaution ni formalité?
a. Il me dit immédiatement.
b. Il me dit de but en blanc.
c. Il me dit sans ambages.

d. Il me dit sans détours.
e. Il me dit de butte en blanc.

4 Lequel de ces oiseaux est aussi un navire ?
a. une mouette
b. une frégate
c. une alouette
d. un condor
e. un vautour

5 Où est la faute ?
a. Vous me disez que Pierre est un voleur.
b. Vous médisez sans doute.
c. Nous ne médisons pas.
d. Nous disons la vérité.
e. Vous maudissez les menteurs.

6 Que font-ils ?
a. ils se battent
b. ils s'escriment
c. ils font de l'escrime
d. ils se querellent
e. ils se disputent

7 Laquelle de ces boissons ne contient pas d'alcool ?
- a. le cognac
- b. l'armagnac
- c. le calvados
- d. la grenadine
- e. la crème de cassis

☐

8 Le parti libéral a perdu des sièges ; on peut dire qu'il est :
- a. sur le chemin de la victoire.
- b. sur la voie ascendante.
- c. en perte de vitesse.
- d. sûr de gagner les élections.
- e. le meilleur.

☐

9 Quelle affirmation est fausse ?
- a. Marilyn Monroe a été une grande vedette.
- b. Jean Gabin est la vedette de ce film.
- c. Un bateau ne peut être une vedette.
- d. Cette voiture a été la vedette du Salon de l'Automobile.
- e. Les vedettes de la chanson sont bien connues des jeunes.

☐

10 Où est la faute ?
- a. Ces jeunes filles sont belles.
- b. Elle a une voix bien timbrée.
- c. Elle chanta une mélodie désuette.
- d. Il répondit de manière ambiguë.
- e. Apprends cette fable grecque !

☐

11 Quel est l'intrus dans cette série ?
a. une trompe
b. un trompe-la-mort
c. un trompe-l'œil
d. un trompeur
e. une tromperie

12 Attention aux temps ! Où est l'erreur ?
a. Jean somnolait devant sa télévision.
b. Sa cigarette se consumait dans le cendrier.
c. Brusquement, le coup de feu des cow-boys du western le réveillait.
d. Il se redressa dans son fauteuil.
e. Il se frotta les yeux et suivit la fin du feuilleton.

13 Que fait cet agent ?
a. Cet agent place une lettre sur le pare-brise.
b. Il distribue des tracts.
c. Il fait de la publicité.
d. Il donne une contravention.
e. Il place un billet doux sur le pare-brise.

14 Attention à la propriété des mots! Où est la faute?

a. Cette voiture consume 7 litres au cent.
b. Ces clients ont consommé et sont partis sans payer.
c. Voulez-vous un consommé pour commencer votre repas?
d. Cette machine à laver consomme beaucoup d'électricité.
e. Ne laissez pas votre mégot se consumer dans le cendrier. Eteignez-le!

15 Quelle expression signifie: *Remettre quelque chose à plus tard?*

a. Pousser quelque chose sur le banc.
b. Pousser quelque chose au bout du banc.
c. Renvoyer quelque chose aux calendes grecques.
d. Renvoyer le travail à quelqu'un d'autre.
e. Se débarrasser rapidement du travail.

Réponses

Lautschriftzeichen

[a] comme **papa** [papa]
[ɑ] comme **tasse** [tɑːs]
[ɑ̃] comme **enfant** [ɑ̃fɑ̃]
[e] comme **école** [ekɔl]
[ɛ] comme **père** [pɛːr]
[ɛ̃] comme **prince** [prɛ̃ːs]
[ə] comme **amener** [amәne]
[i] comme **ici** [isi]
[o] comme **bureau** [byro]
[ɔ] comme **col** [kɔl]
[ɔ̃] comme **mon** [mɔ̃]
[ø] comme **deux** [dø]
[œ] comme **neuf** [nœf]
[œ̃] comme **un** [œ̃]
[u] comme **ou** [u]
[y] comme **sur** [syːr]
[ː] bezeichnet einen langen Vokal

[k] comme **c**arte [kart]
[p] comme **P**aris [pari]
[s] comme **s**on [sɔ̃]
[z] comme dé**s**irer [dezire]
[ʃ] comme **ch**ose [ʃo:z]
[ʒ] comme **j**ournal [ʒurnal]
[t] comme **t**able [ta:bl]
[v] comme **v**in [vɛ̃]
[ɲ] comme champa**gn**e [ʃɑ̃paɲ]
[j] comme jo**y**eux [ʒwajø]
[w] comme **ou**i [wi]
[ɥ] comme h**u**it [ɥi(t)]

Réponses

Unité 1

1 **a.** *La prison.*
2 **b.** *Futaie* vient de fût (masculin), qui signifie tronc d'arbre, mais aussi tonneau pour mettre le vin, l'eau-de-vie. D'où le sens de la *futaille,* synonyme de *fût,* barrique, tonneau.
Futé, futée: malin, rusé.
Futile veut dire *frivole.*
3 **c.** *Artaban* est le héros d'un «roman-fleuve» célèbre en son temps, de La Calpremède, intitulé *Cléopâtre,* et il incarne l'arrogance et la superbe (la fierté) des Gascons.
4 **b.** *Aride:* sec, sans végétation.
Infécond et *stérile* mettent plutôt l'accent sur la faculté de se reproduire, de porter des fruits (femmes, terre).
5 **b.** *Entrailles* s'emploie toujours au pluriel.
6 **c.** *Un* poêle est un appareil de chauffage: un poêle à mazout, un poêle en fonte.
Une poêle, un poêlon: un ustensile de cuisine muni d'une longue queue pour faire frire ou sauter certains aliments.
Un poil: pilosité, cheveu court. Exemple: la fourrure du chat a laissé des poils sur les coussins.
Une marmite a en général un couvercle.
Casserole est un terme général pour désigner les récipients de cuisine.
7 **a.** *Le corbillard* ne transporte que des morts.
8 **c.** Cette expression signifie: on n'attire pas les gens en les traitant avec dureté.
9 **c.** *Médire:* dire du mal de quelqu'un.
10 **b.** *des pas tranquilles.*

11 **a.** *Un conte* est un récit, une histoire.
Le titre de noblesse s'écrit *comte, comtesse.*

12 **e.** *Une* autostrade.
Un greffe: bureau où l'on garde les dossiers d'un tribunal (cf. le greffier).
Une greffe: pousse d'une plante que l'on introduit dans une autre plante. Opération d'implanter un greffon.

13 **d.** *Un chevalet* de peintre.
Une *estafette* est un courrier, un agent de liaison. A l'heure actuelle, aussi, une voiture de livraison.
Un *échafaudage* est nécessaire à la construction ou la réparation des maisons.

14 **c.** *Imminent:* sur le point de se produire, qui vous menace.
Ne pas confondre avec *éminent:* élevé, distingué.

15 **b**

Unité 2

1 **a.** Toutes ces expressions s'emploient toujours au pluriel:
Dans *les environs.*
Il lui coupa les vivres: il cessa de l'entretenir, de lui donner de l'argent.
Les agrès sont des instruments de gymnastique.
Etre aux aguets: épier, surveiller.

2 **d.** Une *tapisserie* ne se pose pas par terre, elle s'accroche aux murs!
Un *paillasson* se pose devant la porte, à l'entrée, pour qu'on s'y essuie les pieds.

3 **c.** Il n'y a pas de petites économies; il ne faut pas négliger les petites contributions.

4 **b.** L'iris.

5 **a.** *Une* agrafe.
Une *alèse* (ou alèze) est un molleton qui protège le matelas.
6 **d.** *Partiture* n'existe pas en français.
7 **e.** Le *forgeron* ne fait pas de bijoux en général.
8 **b.** Il faut s'exercer pour devenir habile.
Un *forgeur* de contes, de calomnies est un inventeur de contes, de calomnies.
9 **b**
10 **d.** Sa *fureur vengeresse.*
11 **a.** Petit mammifère carnivore, plus petit que le putois, au pelage roux. Très agile et rapide, d'où le verbe *fureter,* chercher partout avec curiosité pour découvrir quelque chose.
Tous les autres mots viennent de *fureur:* colère.
12 **a.** *Un escompte.*
Un *esclandre:* un scandale.
13 **b**
14 **a.** . . . ce cheval *ombrageux.* Ombrageux signifie facilement irritable, farouche, susceptible, inquiet.
Un ombrage employé pour feuillage, ensemble d'arbres.
Ombragé: abrité par un ombrage.
15 **b.** *Avoir la cote:* être apprécié, estimé, être bien coté, bien noté.

Unité 3

1 **a.** *Des pneus.*
2 **d.** *Des amendes ;* mettez-y plutôt des *amandes.*
Une amende est une sanction pécuniaire, une peine d'argent infligée par un tribunal, par exemple.
3 **c.** *Un croque-mort:* familier pour: un employé des pompes funèbres.
4 **c.** Un *doublet* est un mot de même origine mais de forme et d'emploi différents.
Exemple: *hôpital* et *hôtel* sont des *doublets.*
5 **c.** *Un* incendie.
Une *filouterie:* une escroquerie, tricherie.

6 **e**
7 **e**
8 **b**
9 **b.** *Populaire:* aimé du peuple, bien connu.
Une ville qui a une population très dense est *populeuse*.
Une foule vulgaire est une *populace* (péjoratif).
Populacier: adjectif formé sur *populace*.
Populariser une théorie scientifique, c'est la faire connaître parmi le peuple.
10 **a.** Une maladie *bénigne*.
11 **e.** Une *histoire* peut contenir des *épisodes*, des *aventures*, des *chapitres*, des *parties*.
12 **b.** *Un* arôme.
L'*armistice* est une cessation des hostilités.
Une *écharde* est une minuscule fibre, de bois, en général, qui pénètre sous la peau de vos doigts lorsque vous touchez un bois non poli, rugueux.
13 **b.** Le *mufle* est le museau de certains animaux (chien).
Un mufle, lorsqu'il s'agit d'une injure, est un homme mal élevé, un goujat.
Un mouflon est une bête à cornes vivant en montagne, presque aussi grand que le cerf.
Un mouflet est un enfant (très familier).
14 **b.** Cf. l'expression: *Il est de notoriété publique . . ., c'est un fait notoire . . .*
Un *notaire* est souvent un *notable* (personnalité importante) dans son pays.
Notifier: faire connaître expressément, informer.
15 **b**

Unité 4

1 **d.** Les *bijoux*.
2 **e.** Une *moniale* (féminin de moine) habite dans un couvent, une congrégation de religieuses.
Plus communément, on l'appelle: *ma Sœur*.
3 **a.** Il te va très bien.

4 **c**
5 **c.** *Une* écritoire.
6 **c**
7 **c.** *Faste* et *pompe* sont souvent au pluriel: Les fastes de la Cour Impériale.
8 **b.** Familier.
9 **e.** Le *ferrailleur* récupère et revend les vieux métaux.
La *maréchaussée* désigne la gendarmerie.
10 **a.** Les crêpes *bretonnes*.
11 **c.** Tous les autres mots appartiennent à la famille de *foret:* percer un trou avec un foret.

12 **d.** *Un* épilogue.
13 **c.** Un *harmonica:* petit instrument de musique rectangulaire, où l'on souffle ou aspire en le faisant glisser sur les lèvres.
Un *harmonium:* petit orgue.
14 **d.** Je vais *changer* mes vêtements, je vais me changer . . .
15 **b**

Unité 5

1 **e.** Je *peux*.
2 **d.** Envelopper de fumée d'encens; au sens figuré: couvrir de louanges.
3 **d.** La légende rapporte que les grands coureurs se faisaient enlever la rate.
4 **e.** Les carottes, avec leur vitamine A, améliorent la vision nocturne.
5 **b.** *Un* futur.
6 **b.** Le condamné à mort est exécuté sur l'*échafaud*.
Pour maintenir en place la fracture d'un membre, on peut poser des *attelles*.
Un *attelage* est une voiture attelée de chevaux.

7 **c.** *Trogne:* familier pour visage plein, haut en couleurs.
8 **d.** *Parler sans vergogne:* sans honte, sans pudeur.
9 **d.** Le médecin des enfants s'appelle un *pédiatre*.
10 **d.** *Ouvre* tes oreilles.
11 **e.** Qui trompe, qui induit en erreur.
Un trompette est l'homme qui joue de *la trompette ;* on peut dire aussi *trompettiste* et *trompeteur*.
12 **c.** Il est temps que je *parte*.
13 **e**
14 **b.** Quelqu'un qui casse tout.
On peut dire *brise-tout* ou *brise-fer*.
15 **b**

Unité 6

1 **e.** *Une* azalée.
Faire *un somme:* dormir un peu.
2 **e.** Tous les autres mots peuvent se rapporter à la religion: *entrer dans les ordres,* devenir prêtre ou religieux.
3 **c.** La carotte pour faire avancer l'âne et le bâton pour punir ou se faire craindre. Employer tour à tour la persuasion et la force.
Le *martinet* est un petit *fouet*.
4 **a**
5 **a.** Des *hiboux*.
6 **d.** Un *portillon* est une petite porte basse.
7 **d**
8 **c**
9 **d.** Vous faites de l'*escalade* en montagne lorsque vous grimpez sur les rochers.
10 **b.** Parle plus *lentement* (adverbe).
11 **e.** L'*étamine* est une étoffe.
Les autres mots désignent familièrement un café.
Boire un café *sur le zinc*, c'est le boire au comptoir.
12 **d.** *Non, il n'y va pas*.
13 **b**

14 **b**

15 **c.** Autrefois, *escampette* signifiait fuite (cf. escamper, décamper, déguerpir). Aujourd'hui, ce mot ne se trouve que dans cette expression figée.

Unité 7

1 **c.** *Une* alcôve.
Un physique, quand on parle de l'aspect extérieur d'une personne.

2 **d.** De *raison*, enchaîner logiquement ses pensées.

3 **c.** Ne pas confondre avec: *être en transe*, être dans un état second en parlant d'un médium.

4 **b.** a), c), e) n'existent pas.
Des voix *argentines*, claires.

5 **b.** des *vitraux*.

6 **e**

7 **a.** Donner les couleurs de l'arc-en-ciel.

8 **d.** Les *pénates* étaient chez les Romains les dieux domestiques, attachés à la maison.

9 **b.** *Ferraille:* débris de fer.
La *ferrade* en Provence est le marquage des troupeaux au fer rouge, ainsi que la fête qui accompagne cette cérémonie.
Une *ferronnerie* est un gros ouvrage métallique. Cf. la ferronnerie d'art, le fer forgé.
Un *ferraillement:* action de ferrailler, d'entrechoquer maladroitement des lames ou des épées dans un duel. Cf. un ferrailleur.

10 **b.** *Peux-tu aller chercher un taxi?*

11 **c.** Un *pompon.*

12 **b.** *Il faut que vous cherchiez . . .*

13 **a**

14 **a.** Un *importun* est quelqu'un qui vous importune, vous ennuie.

15 **e.** La déesse de l'intelligence, Athéna, était sortie toute armée de la cuisse de Zeus (Jupiter).

Unité 8

1 **e.** *Une* apothéose.
La *gent* féline (= la race féline), mais: les *bonnes gens*, les gens sont *bons*.
2 **e**
3 **a.** Semé d'*embûches* ou d'obstacles.
4 **c.** Vous trouverez ce mot dans les livres de cuisine.
5 **b.** des *landaus*.
6 **e**
7 **e.** Mettre des papillotes dans les cheveux d'une petite fille pour boucler ses cheveux. Une *papillote* est un bigoudi en papier. C'est aussi un bonbon enveloppé d'un papier spécial.
8 **c.** A la chasse, les *brisées* étaient les branches brisées qui marquaient la trace de l'animal poursuivi.
9 **a.** Sortir de terre.
Humer, flairer, renifler sont presque synonymes.
10 **c.** Devant un nom commençant par une voyelle ou un h muet, on dit: un *vieil arbre*. Mais cet arbre est *vieux*.
11 **b.** Un objet en *vermeil* est en argent recouvert d'or fin.
12 **c.** *Elle y pense*.
13 **a.** Il *fait ses ablutions*.
Ablation: action d'enlever; l'ablation d'un rein est une opération chirurgicale.
14 **b.** *Pouvez-vous* nous conduire en ville maintenant, puisque vous *savez* conduire ?
15 **e.** Surtout les enfants du cirque, du théâtre.

Unité 9

1 **b.** *Un* asile.
2 **e.** *A pas comptés*, lentement, posément.
3 **a.** Mais vous *mangez comme quatre !*
4 **a.** *Exiger:* demander avec insistence, avec autorité.
5 Non, ils se prononcent tous de la même façon; ce sont des homonymes.

6 **e.** Un *compas* sert à tracer des cercles parfaits.

La *boussole* indique le Nord.

7 **e**

8 **b.** *Se taper sur le ventre:* être très (ou trop) familier.
Rire sous cape: rire en cachette.
Ricaner: rire méchamment, railler.

9 **c**

10 **e.** . . . *ce parfum subtil.*

11 **e.** C'est une charcuterie faite avec la tête de porc en gelée.
Les autres mots sont des noms de fromage.

12 **e.** Impossible en français. *En 1822, Napoleon* . . .

13 **b.** Un jardin est *ombragé* ou *ombreux*.

14 **d.** *Etre éloquent:* avoir la parole facile, bien parler.
Loquace: qui parle beaucoup.

15 **e**

Unité 10

1 **a.** Un *mets* est un aliment, un plat.

2 **c**

3 **d.** Personne ne peut faire de miracles!

4 **e.** Il est rond.

5 **e.** *Un* poème. *Une gaze* est une étoffe très légère, transparente.
Pour *poêle,* voir unité I, 6.

6 **e.** Un *lorgnon* ou un pince-nez.
Les *jumelles* permettent de voir au loin.

7 **c**

8 **d.** Sans doute parce qu'il promettait jadis de ne pas vous faire mal!

9 **d.** Cf. bulletin de vote.

10 **b.** Nous avons pris *un aide* pour la cuisine (= un employé).

11 **d.** Le *laiton* est un alliage de cuivre et de zinc.
La salade de *laitue* a un suc de couleur *laiteuse.*

12 **a.** *Remercie la dame.*

13 **d.** Dire: il a *les bras* pleins de fleurs.
14 **e**
15 **b**

Unité 11

1 **a.** *Le puits.*
2 **e.** L'*asperge* est un légume et n'est pas rouge.
3 **d**
4 **b**
5 **d.** N'existe pas! Le blâme signifie la réprobation, un reproche officiel.
6 **e**
7 **e**
8 **d**
9 **e.** Un *casse-pied:* un importun.
Aller au *casse-pipes* (populaire): aller à la guerre.
Un *casse-cou* est un téméraire, un audacieux; ou encore un endroit dangereux.
10 **a.** *Sieur* est une forme ancienne encore en usage dans la langue des tribunaux: le sieur Dupont.
11 **e.** Date de l'époque où les gens de la ville se croyaient plus civilisés que les habitants des campagnes.
12 **b.** Vous *prédisez* l'avenir.
Mais: vous *dites*.
13 **a**
14 **b.** *Evoquer* ou faire revivre dans son souvenir.
Invoquer: appeler à l'aide par des prières; faire appel à.
15 **e.** Un *pince-sans-rire* fait des farces avec une mine très sérieuse.

Unité 12

1 **e.** *Une* acoustique.
2 **e.** Le *palmier* évoque plutôt une végétation tropicale.
3 **e**

4 **a.** Une *mésalliance* est un mariage avec une personne considérée comme inférieure.
5 **a.** *Un acompte.*
Le *comté* de Foix.
6 **d**
7 **a**
8 **b**
9 **c**
10 **a.** Ma chanson *favorite.*
11 **e.** Danser n'est pas un travail d'aiguilles.
12 **e.** Les *cardinaux.*
13 **d.** . . . le danger *imminent.*
14 **a.** Il a fait *allusion* à mon passé.
15 **d**

Unité 13

1 **c.** Il *acquiert.*
2 **d.** Le *fromage de tête* est une charcuterie à base de tête de porc en gelée.
3 **d.** *Ne pas être sorti de l'auberge:* ne pas être tiré d'affaire.
4 **b.** Une *garçonne* est une fille qui se donne des allures de garçon.
Un *garçonnet* est un petit garçon.
5 **d.** Des *landaus.*
6 **d**
7 **c.** La *grange* sert à abriter les récoltes.
Le chien habite dans la *niche.*
8 **a**
9 **c.** Une *console* est un petit meuble posé contre le mur, une table-applique à pieds recourbés en console.
10 **c.** L'armée *vainc.*
11 **e**
12 **c.** Tout-à-coup un homme *surgit.*
13 **a.** Ces deux voitures sont entrées en *collision.*

14 **b.** Etre *pondéré:* être équilibré, réfléchi.
Une poule peut être une bonne *pondeuse*.
Pondéral: qui concerne le poids.
Pondérable: qui peut être pesé. Cf. impondérable.

15 **e.** *Draguer* veut dire, au sens propre, nettoyer un ruisseau, le fond d'un port, d'un chenal.

Unité 14

1 **b.** Toujours au pluriel: des *archives*.

2 **b.** Une *cagoule:* bonnet attenant à une veste ou un manteau.
Une *babouche:* pantoufle de cuir sans talon servant de chaussure dans les pays de l'Islam.

3 **b.** J'ai cru ce qu'il racontait.

4 **b.** Depuis la conquête de la lune, la lune n'est plus symbole de l'impossible, comme dans les autres expressions!

5 **e.** *Une* solitude.

6 **c**

7 **e**

8 **e.** *Se fouler la cheville:* se tordre la cheville.

9 **b.** *Il est époustouflé:* il est tout étonné, épaté.

10 **e.** *Des récitals*.

11 **b.** Le *gazouillis:* le babillement d'un petit bébé, des oiseaux.
Une *gazette:* un journal

12 **b.** Elle *suivait* toujours l'avenue. (C'est une habitude).

13 **a.** *Un chansonnier* n'est pas un chanteur de chansons à la mode; il passe en revue les événements politiques ou autres de façon humoristique. Les paroles ont plus d'importance que la mélodie.

14 **c.** *Un illuminé:* quelqu'un qui a une vision, ou croit avoir des visions. Un mystique.

15 **c**

Unité 15

1 **d.** *Le nid.* Le *ris* de veau: le thymus.
Une *rixe:* une querelle violente accompagnée de coups.

2 **e.** Un *piaf* (populaire) est un moineau.

3 **b**

4 **b.** Une *frégate.*

5 **a.** Vous me *dites* que . . .

6 **c.** *S'escrimer à:* s'acharner à . . .

7 **d.** La *grenadine* est un sirop rouge servi aux enfants.

8 **c**

9 **c.** Une *vedette* est une petite embarcation rapide, à moteur.

10 **c.** . . . une mélodie *désuète.*

11 **a.** Une *trompe* ne «trompe» personne, c'est un instrument de musique.
Un *trompe-la-mort:* personne qui brave la mort, qui échappe à la mort.
Une peinture en *trompe-l'œil* crée l'illusion du relief.

12 **c.** Le coup de feu le *réveilla* . . . (fait unique).

13 **d**

14 **a.** Cette voiture *consomme* 7 litres . . .
Un *consommé* est un potage léger.
Se *consumer:* brûler lentement.

15 **c.** Les calendes appartenant au calendrier romain, et non grec, *renvoyer aux calendes grecques* veut dire: repousser indéfiniment.

Ihr Testergebnis

Unité 1	
Unité 2	
Unité 3	
Unité 4	
Unité 5	
Unité 6	
Unité 7	
Unité 8	
Unité 9	
Unité 10	
Unité 11	
Unité 12	
Unité 13	
Unité 14	
Unité 15	
GESAMT	

Wie geht es weiter?

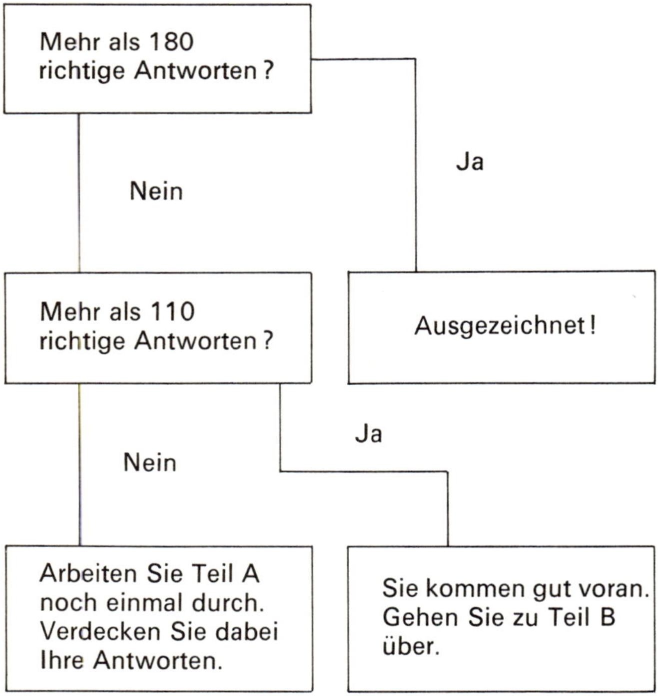

TEIL B

Unité 1

1 Trouverez-vous la faute?
   a. un sire
   b. une cire
   c. je cire
   d. tu cires
   e. une cirène

2 Quel mot ne fait pas partie de la série?
   a. couple
   b. équipe
   c. paroisse
   d. communauté
   e. commune

3 Achevez l'expression: *Cet homme ment comme . . .*
   a. il vit
   b. il respire
   c. il court
   d. il se meut
   e. il boit

4 Quel mot a le même sens que *exception?*
   a. une dérogation
   b. une exécration
   c. une exécution
   d. une excursion
   e. une exonération

5 Où est l'erreur ?
- a. Elle chancelait comme si elle avait bu.
- b. Le chien furette dans les poubelles.
- c. Elle projette d'aller en Afrique.
- d. Essoufflée, elle halète en montant l'escalier.
- e. Le valet attelle les chevaux.

☐

6 Que représente ce dessin ?
- a. un collier
- b. une chaîne
- c. un pendentif
- d. un bracelet
- e. un sautoir

☐

7 Que ne voyez-vous pas au théâtre ?
- a. la scène
- b. le rideau
- c. le souffleur
- d. le décor
- e. les acteurs

☐

8 Que signifie : *Jean a touché de l'argent ?*
- a. Jean a touché l'argent avec ses mains.
- b. Il a reçu de l'argent.
- c. Il a palpé le billet de banque.
- d. Il n'a pas été payé.
- e. On ne lui a pas donné d'argent.

☐

9 Quel est le masculin de: la garde?
a. le gard
b. le garde
c. le gardeur
d. le gardien
e. le gardian

10 Où est l'erreur?
a. Je ne te hais point.
b. Ils haissent tous les étrangers.
c. Il plaît aux dames.
d. Elle hait les artifices.
e. Vous plaisez-vous en France?

11 Quel mot ne désigne pas un champignon?
a. un cèpe
b. un bolet
c. une morille
d. un mousseron
e. un mousse

12 Où est la faute?
a. Bien que tu es mon ami, je ne te prêterai pas d'argent.
b. Bien qu'il fasse chaud, il garde son veston.
c. Quoi qu'il dise, il n'en fait qu'à sa tête.
d. Il sortit en bateau, malgré le mauvais temps.
e. Bien qu'il fasse mauvais, il sortit le bateau.

13 Comment appellerez-vous cet homme ?
a. c'est un orateur
b. c'est un conférencier
c. c'est un prédicateur
d. c'est un prévaricateur
e. c'est un tribun

14 Laquelle de ces injures n'est pas française ?
a. Vous êtes un mufle !
b. Vous êtes un goujat !
c. Vous êtes un malotru !
d. Vous êtes un cavalier !
e. Vous êtes un grossier personnage !

15 Au lieu de dire : *J'espère bien que vous viendrez demain*, que pourriez-vous dire aussi ?
a. Je compte sur vous demain.
b. Je conte sur vous demain.
c. Je vous compte demain.
d. Je campe sur vous demain.
e. J'attends sur vous demain.

Unité 2

1 Où est la faute ?

a. l'effort
b. l'essort
c. la mort
d. le sort
e. le mort

2 Qu'est-ce qui ne devrait pas être au menu ?

a. un hors-d'œuvre
b. un plat du jour
c. une salade
d. un fromage
e. un désert

3 Achevez l'expression : *Il m'a raconté une histoire* . . .

a. à dormir assis
b. à dormir couché
c. à dormir debout
d. à vous endormir
e. à coucher dehors

4 Qu'est-ce qu'une nasse ?

a. un serpent
b. un oiseau
c. un filet de pêche
d. un chapeau
e. un insecte

5 Cherchez la faute:
a. Le cordonnier ressemelle mes chaussures.
b. En hiver, le gel craquèle le sol.
c. Elle décachette la lettre.
d. Il gèle à pierre fendre.
e. La femme de chambre époussette les meubles.

6 Que représente ce dessin ?
a. un cercueil
b. une tombe
c. un tombeau
d. un caveau
e. une sépulture

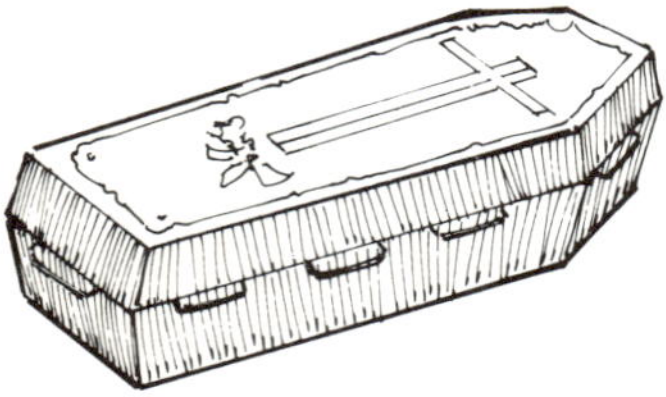

7 Comment dit-on : *Tuer avec des pierres ?*
a. noyer
b. lapider
c. écraser
d. étrangler
e. sauver

8 Que signifie : *Elle n'est pas dans son assiette ?*
- a. La soupe n'est pas encore dans l'assiette.
- b. Cette dame n'est pas dans son état habituel.
- c. Elle a perdu l'équilibre.
- d. Elle est énervée.
- e. Elle est irritée.

☐

9 Parmi les homonymes (mots qui se prononcent de la même façon), lequel désigne un animal ?
- a. vers
- b. vair
- c. vert
- d. ver
- e. verre

☐

10 Vérifiez bien les accents ; où en manque-t-il un ?
- a. Il lui déplait de travailler dans un bureau.
- b. Ci-gît Monsieur Dupont.
- c. Une haie clôt le jardin.
- d. Cette loi contredit la précédente.
- e. Je crois qu'il me hait.

☐

11 Quel mot n'appartient pas à la même famille ?
- a. un cache-misère
- b. un cache-poussière
- c. un cache-radiateur
- d. un cache-flammes
- e. un cachemire

☐

12 Cherchez la phrase incorrecte:

a. Malgré que le soleil brille, il tombe des gouttes.
b. Bien qu'il fasse mauvais, j'ai envie de sortir.
c. Malgré le mauvais temps, il partit se promener.
d. Quoiqu'il fût très riche, il ne gaspillait pas son argent.
e. Bien que je l'aie avertie, elle n'a pas fait attention.

☐

13 Quel est le nom de ce véhicule?

a. un chariot
b. un landau
c. un carrosse
d. un fiacre
e. une diligence

☐

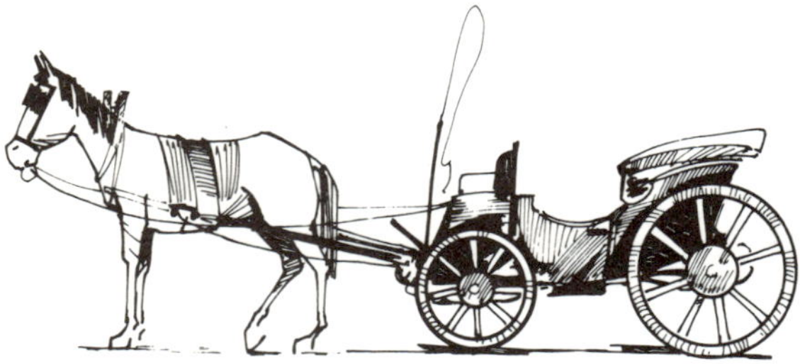

14 Quelle phrase contredit les autres?

a. Vous n'êtes pas sans savoir que . . .
b. Vous ignorez que . . .
c. Vous n'ignorez pas que . . .
d. Vous savez bien que . . .
e. Vous êtes au courant que . . .

☐

15 Que signifie : *Faire avaler la pilule à quelqu'un ?*
   a. Lui donner un médicament.
   b. Lui donner un cachet d'aspirine.
   c. Lui faire admettre quelque chose de désagréable.
   d. Prendre une pilule anticonceptionnelle.
   e. Lui faire des compliments. ☐

Unité 3

1 Où est la faute ?
   a. un anagramme
   b. un pendule
   c. le manche
   d. une épître
   e. une antilope ☐

2 Quel mot ne fait pas partie de la série ?
   a. une gaffe
   b. une bévue
   c. un impair
   d. une maladresse
   e. une réussite ☐

3 Jean doit garder la chambre pour un mois ; il s'est cassé la jambe :
   a. Il est attaché à son lit.
   b. Il est couché sur son lit.
   c. Il est cloué au lit.
   d. Il est lié à son lit.
   e. Il est noué à son lit. ☐

4 Comment appelle-t-on une tranche de poisson ?
a. une entrecôte
b. une darne
c. une rondelle
d. un tronçon
e. un bifteck

5 Trouvez la faute d'orthographe :
a. Elle ficelle un paquet.
b. Nous harcellons l'ennemi.
c. Sa maladie inquiète sa mère.
d. Nous achetons nos légumes au marché.
e. Epelez votre nom, s'il vous plaît !

6 Que représente ce dessin ?
a. un allumeur
b. une brique
c. un briquet
d. une briquette
e. une allumette

7 Quel est l'étranger dans cette famille ?
a. globe
b. hémisphère
c. méridien
d. latitude
e. attitude

8 Que signifie : *Cet homme a disparu de la circulation ?*
a. Il ne circule plus.
b. Il n'a plus de voiture.
c. Il marche à pied maintenant.
d. On ne le voit plus, on ne sait pas ce qu'il est devenu.
e. Il circule de temps en temps.

9 Lequel de ces fruits est aussi célèbre pour son bois ?
a. pomme
b. merise
c. poire
d. cerise
e. amande

10 Vérifiez les accents ; où est l'erreur ?
a. Il va succèder à son père.
b. Il complète sa collection.
c. Cède ta place à cette vieille dame.
d. Attention, n'ébrèche pas toutes les tasses !
e. Nous persévérons dans notre effort.

11 Quel est l'intrus ?
a. les adjudants
b. les capitaines
c. les colonels
d. les généreux
e. les commandants

12 Cherchez la faute:

a. Je veux aller au bord de la mer, bien que ce ne soit pas la saison.
b. Bien qu'il est beau dehors, il préfère rester au lit.
c. Bien qu'il fasse très froid, il part faire du ski.
d. Quoiqu'il en soit, je refuse de vous suivre.
e. Elle sort malgré le mauvais temps.

13 Quelle affirmation est fausse?

a. Elle est enrhumée.
b. Elle a un rhume de cerveau.
c. Elle a attrapé un rhume.
d. Son nez coule.
e. Elle n'a pas besoin d'un mouchoir.

14 Que ne direz-vous pas?

a. Pierre rentre à la maison, trempé par la pluie.
b. Il enlève son chapeau.
c. Il met ses pantoufles.
d. Il enlève son manteau.
e. Il sort ses chaussettes mouillées pour ne pas attraper un rhume.

15 Que veut dire : *Se forger des chimères ?*
a. Faire des statues en fer forgé à tête de chimères.
b. S'imaginer quelque chose sans rapport avec la réalité.
c. Faire une cheminée en fer forgé.
d. Se créer des ennuis.
e. S'inventer un alibi.

☐

Unité 4

1 Quelle est l'orthographe correcte ?
a. symmétrie
b. symétrie
c. simmetrie
d. simmètrie
e. simétrie

☐

2 Quel est le contraire de tous les autres mots ?
a. fixer
b. lier
c. assembler
d. joindre
e. délier

☐

3 Quelle tournure employez-vous pour dire : *courir très vite ?*

a. Le voleur prit les jambes dans sa main.
b. Il mit un pied devant l'autre.
c. Il prit les jambes à son cou.
d. Il marcha d'un bon pas.
e. Il marcha d'un pas de sénateur.

☐

4 Lorsqu'un avion s'arrête en cours de route avant d'atteindre sa destination, on dit qu'il fait :

a. escale
b. un arrêt
c. une pause
d. une escalade
e. une interruption

☐

5 Attention à l'orthographe ! Cherchez l'erreur :

a. Te rappelles-tu cet hiver rigoureux ?
b. Je regrette cette parole.
c. L'agent interpèle un cycliste.
d. Il nous révèle la vérité.
e. Elle martèle le sol de ses talons.

☐

6 Qu'utilise cette femme de ménage ?

a. un chiffon
b. une brosse
c. un balai
d. un plumeau
e. une tête-de-loup

☐

7 Quel est l'étranger dans cette famille ?
a. tuyau
b. canalisation
c. conduite
d. pipe-line
e. câble

☐

8 Si un ami vous fait croire qu'il est un grand acteur et que ce n'est pas vrai, que pourriez-vous dire ?
a. Il vous a attaché un ours.
b. Il vous a monté un bateau.
c. Il vous a dit une sottise.
d. Il vous a emmené en bateau.
e. Il vous a lésé.

☐

9 Qu'est-ce qu'une darse ?
a. un oiseau
b. un poisson
c. un bassin dans un port
d. une fleur
e. un terme d'architecture.

☐

10 Vérifiez bien les accents. Où est l'erreur ?
a. Nous vénérons tous la nature.
b. Aère ta chambre.
c. Il vénére sa mère.
d. Elle soupesa le melon.
e. L'orateur abrège son discours.

☐

11 Quel est le contraire de *crédit*?

a. avoir
b. débit
c. dette
d. faute
e. erreur

12 Où est la faute?

a. Bien que je ne sois pas de votre avis, je vous aiderai.
b. Bien que tu arrives très en retard, tu es la bienvenue.
c. Il veut encore voir cette émission à la télévision, malgré son envie de dormir.
d. Quoique le chat dort, il entend tout.
e. Malgré l'avis de ses amis, il partit pour l'étranger.

13 Quelle affirmation est inexacte?

a. c'est un épouvantail
b. c'est un clochard
c. Il porte un vieux chapeau.
d. Il a une bouteille de rouge sous le bras.
e. Ses affaires sont rassemblées dans un balluchon.

14 Faut-il dire: *Laisser* ou *faire*? Vérifiez bien!
  a. Le douanier nous a fait ouvrir nos valises.
  b. Puis, il nous a laissé partir.
  c. Isabelle est agaçante: le professeur la laisse sortir.
  d. Paul voudrait sortir: le professeur le laisse sortir.
  e. Mon père a fait venir douze bouteilles de champagne.

☐

15 Que veut dire: *Chacun a son talon d'Achille?*
  a. Chacun est fort comme Achille.
  b. Chacun est agile comme Achille.
  c. Chacun est rapide comme Achille.
  d. Chacun a un point vulnérable.
  e. Chacun est invincible sur un certain point.

☐

Unité 5

---

1 Où est la faute?
  a. des chandails
  b. des soupiraux
  c. des canailles
  d. des bails
  e. des fanaux

☐

2 Quel est l'intrus?
a. carriole
b. chariot
c. charrette
d. tombereau
e. cabriolet

3 Que signifie l'expression: *Prendre la clef des champs?*
Cela veut dire:
a. que les champs sont entourés d'une clôture
b. qu'il faut une clef pour aller aux champs
c. déguerpir, s'enfuir
d. voler la clef du jardin
e. prendre la clef qui mène au jardin

4 Quel mot pourrait englober tous les autres?
a. rubrique
b. chapitre
c. colonne
d. chronique
e. journal

5 Où est l'erreur?
a. un casse-noisettes
b. un brise-lames
c. un abat-jour
d. un compte-goutte
e. un presse-papiers

6 Pour jouer du violon, il faut . . .
- a. un arc
- b. une corde
- c. une arcane
- d. un archet
- e. une arcade

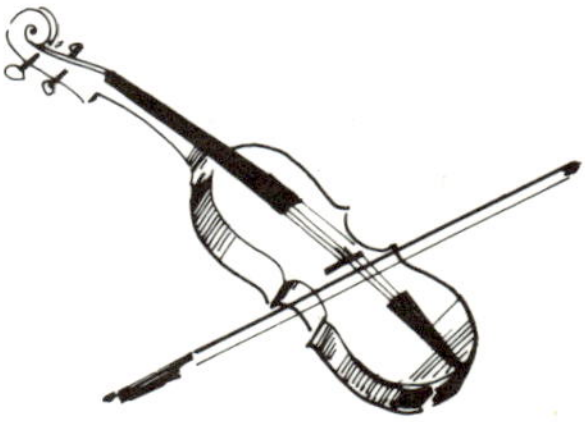

7 Lequel de ces animaux ne peut être un poisson?
- a. la raie
- b. la morue
- c. la sole
- d. le loup
- e. le lynx

8 Que signifie: *Il roule carrosse?*
- a. il roule dans une voiture à chevaux
- b. il se déplace en voiture
- c. il possède une belle voiture
- d. il est très riche
- e. la carrosserie de sa voiture est rutilante

9 Quel adjectif est mal employé ?
- a. Bombay est une grande ville populeuse.
- b. Nous allons traverser un quartier très populaire.
- c. Ce chanteur de jazz est très populaire en France.
- d. Le gouvernement a pris une mesure impopulaire.
- e. Dans ces rues populeuses, on voit beaucoup de misère. ☐

10 Où est l'erreur ?
- a. J'ai acheté la robe que j'avais vue en vitrine.
- b. Pierre s'est procuré des hamsters.
- c. Les hamsters que Pierre s'est procuré sont très voraces.
- d. Elle a déchiré les lettres qu'ils s'étaient écrites pendant leurs fiançailles.
- e. Marie s'est acheté une chemise de nuit. ☐

11 Quel est l'intrus ?
- a. l'évêque
- b. la mitre
- c. la crosse
- d. le chapitre
- e. le mitron ☐

12 Où est l'erreur ?
a. Qu'il le veuille ou non, il faudra bien payer.
b. Je crains qu'il ne veuille pas sortir par ce froid.
c. Je crains que vous ne fassiez une erreur.
d. Veuillez prendre place !
e. Il craint que vous ne lui jouez un mauvais tour.

13 Qui voyez-vous sur ce dessin ?
a. un pasteur qui prêche
b. un curé
c. un abbé
d. un orateur
e. un oratoire

14 Un décor somptueux est un décor . . .
a. fastueux
b. fastidieux
c. faste
d. fatal
e. fatidique

15 Que signifie l'expression:
Prendre des vessies pour des lanternes ?
a. faire une petite erreur de détail
b. commettre d'étranges méprises, des erreurs grossières
c. échanger des vessies contre des lanternes
d. saisir des vessies à la place de lanternes
e. ne pas se laisser tromper

☐

Unité 6

1 Cherchez l'erreur:
a. un octave
b. une chrysalide
c. une odyssée
d. une omoplate
e. une atmosphère

☐

2 Quel animal ne fait pas partie de la famille ?
a. le crabe
b. le homard
c. l'écrevisse
d. la langouste
e. la seiche

☐

3 Achevez le dicton : *Chat échaudé craint* . . .
- a. l'eau chaude
- b. l'eau
- c. le lait
- d. la marmite
- e. l'eau froide

4 Quel animal n'a pas son véritable cri ?
- a. la chèvre chevrote
- b. le cerf brame
- c. la chouette hulule
- d. les moutons meuglent
- e. la vache beugle

5 Où est l'erreur ?
- a. un porte-avions
- b. un essuie-mains
- c. un pare-choc
- d. des porte-bonheur
- e. des longues-vues

6 Que représente cette image ?
- a. un abri
- b. une dalle
- c. un dais
- d. une tente
- e. une hutte

7 Quel est l'étranger dans cette série ?
a. le drapeau
b. le pavillon
c. l'oriflamme
d. la bannière
e. l'épée

8 Que signifie l'expression : *Il est complètement dans le cirage ?* (familier)
a. Il est dans les ténèbres.
b. Il broie du noir.
c. Il est mélancolique.
d. Il est presque inconscient.
e. Il est très lucide.

9 Quelle est la seule phrase correcte ?
a. Soudain, il fit éruption dans la pièce.
b. L'éruption des barbares dévasta le pays.
c. Elle souffre d'une irruption de boutons sur le visage.
d. La police fit éruption dans la maison.
e. L'éruption du Stromboli fut violente.

10 Une seule phrase est correcte. Laquelle ?
a. Je suis réussi à ouvrir cette boîte de conserves.
b. Il m'est réussi d'ouvrir la porte coincée.
c. Nous avons réussi de semer nos poursuivants.
d. Pierre est bien réussi dans la vie.
e. J'ai réussi à finir mon travail.

11 Quel est l'intrus dans cette famille ?

a. télégramme
b. télévision
c. télescope
d. téléobjectif
e. téléologie

12 Où est la faute ?

a. Il est certain que nous mourrons un jour.
b. Je ne suis pas sûr qu'il soit mort.
c. Je crois qu'il soit mort.
d. C'est le seul client qui soit satisfait.
e. Je ne crois pas que tu sois malade.

13 Qu'y a-t-il de commun entre ces deux images ?

a. la tête
b. les oreilles
c. les yeux
d. la trompe
e. la force

14 Parmi les formes suivantes de dialogue, laquelle vous serait la moins agréable ?
a. une causette
b. un bavardage
c. une conversation
d. une entrevue
e. un interrogatoire

15 Que signifie : *Tirer le diable par la queue ?*
a. être très courageux
b. être l'ami du diable
c. être très pauvre
d. provoquer le diable
e. faire appel au diable

Unité 7

1 Où s'est glissée l'erreur ?
a. les maux
b. les idéals
c. les blaireaux
d. les cerceaux
e. les lapereaux

2 Lequel de ces poissons est un poisson d'eau douce ?
a. le hareng
b. le merlan
c. le thon
d. la morue
e. le brochet

3 Que veut dire : *Ménager la chèvre et le chou ?*
a. ménager absolument tout
b. économiser la viande et les légumes
c. être avare
d. ne pas prendre de décision, hésiter entre deux partis
e. être économe

4 De quel véhicule se servaient les marquises ?
a. la diligence
b. le char à bœufs
c. le carrosse
d. la carriole
e. le chariot

5 Où est l'erreur ?
a. des gardes-chasse
b. des garde-fous
c. des eaux-de-vie
d. des aide-mémoires
e. des lauriers-roses

6 De quel instrument se sert cette dame ?
a. de lunettes
b. d'un monocle
c. d'un face-à-main
d. d'un pince-nez
e. de jumelles

7 Quel est l'étranger dans cette famille ?
a. un prophète
b. un devin
c. une voyante
d. un visionnaire
e. un aveugle

8 Que signifie l'expression familière :
tu me casses les pieds ?
a. Tu me fais mal aux pieds.
b. Tu me coupes mon souffle.
c. Tu me casses mon élan.
d. Tu m'ennuies.
e. Tu me blesses aux pieds.

9 Quelle est l'erreur dans l'emploi des mots ?

a. Cet homme est un original ; il ne parle pas à ses voisins.
b. Ceci n'est qu'une copie ! Montrez-moi l'original.
c. La famille de ma mère est originaire d'Auvergne.
d. La Bible fait le récit du péché originel.
e. Vous avez des idées très originelles.

☐

10 Où est l'erreur ?

a. Il n'a pas répondu ma question.
b. Ne réponds pas !
c. Je réponds de mon frère comme je réponds de moi.
d. Réponds à ta mère.
e. Elle répondit que tout allait bien.

☐

11 Quel mot ne fait pas partie de la famille ?

a. patinoire
b. patine
c. patiner
d. patinage
e. patineur

☐

12 Où est la faute ?

a. Il se peut que je sorte ce soir.
b. Il est juste que tu es récompensé.
c. Il est dommage que tu sois en retard.
d. Il suffit que vous fassiez un petit effort.
e. Je crois que tu seras un bon médecin.

☐

13 Quelle affirmation est inexacte ?
- a. c'est un grand dîner
- b. c'est une réunion d'affaires
- c. ces messieurs discutent
- d. ces messieurs délibèrent
- e. ils prennent des décisions

☐

14 Quelle tournure n'est pas possible en français ?
- a. Si vous faites cela, vous encourez un blâme de la part de vos supérieurs.
- b. Il s'est blâmé devant tout le monde en ne sachant pas répondre à cette question facile.
- c. Cet élève a reçu un blâme pour sa mauvaise conduite.
- d. Le père blâme l'attitude de son fils.
- e. Cet homme est plus à plaindre qu'à blâmer.

☐

15 Que signifie : *Jeter de la poudre aux yeux ?*
a. vouloir tromper quelqu'un.
b. éblouir quelqu'un en lui jetant de la poudre dans les yeux.
c. l'aveugler
d. vouloir paraître meilleur, plus riche, etc . . . qu'on ne l'est en réalité.
e. se maquiller les yeux

Unité 8

1 Cherchez l'erreur :
a. une amphibie
b. une planisphère
c. une cime
d. un régime
e. une barde

2 Lequel de ces véhicules ne peut pas rouler seul ?
a. le tracteur
b. la remorque
c. la locomotive
d. la motrice
e. l'autobus

3 Que signifie l'expression : *Pris sur le vif ?*
a. pris sur le fait
b. pris en flagrant délit
c. tout à fait inspiré du réel
d. arrêté sur le champ
e. arrêté vivant

4 Parmi ces homonymes (mots qui se prononcent de façon identique), lequel désigne une fourrure ?
a. ver
b. verre
c. vers
d. vair
e. vert

5 Découvrez l'erreur :
a. des chasse-neige
b. des serre-têtes
c. des crêve-cœur
d. des en-têtes
e. un trois-mâts

6 Comment appelle-t-on la bande de bois ou de céramique au bas des murs, juste au-dessus du sol ?
a. moulure
b. baguette
c. bandeau
d. plinthe
e. tringle

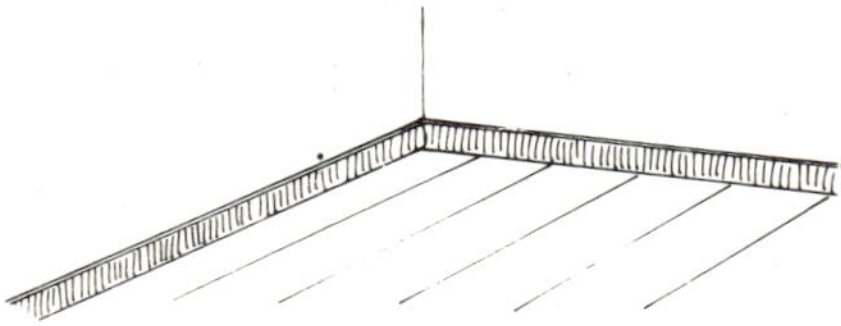

7 Quel est l'oiseau de proie ?
   a. la fauvette
   b. la mésange
   c. le pinson
   d. le faucon
   e. l'hirondelle

☐

8 Que veut dire : *Il s'est fait taper sur les doigts ?*
   a. Il est très maladroit.
   b. On lui a tapé sur les doigts.
   c. Il s'est fait réprimander.
   d. Il a été battu.
   e. On l'a couvert de louanges.

☐

9 Où est l'erreur dans l'emploi des mots ?
   a. Le Président de la République a signé l'armistice de tous les crimes politiques.
   b. Le 11 Novembre célèbre l'armistice mettant fin à la Première Guerre Mondiale.
   c. Les prisonniers de droit commun ne sont pas amnistiés.
   d. Un armistice n'est pas toujours la fin de la guerre.
   e. Un armistice peut n'être qu'une trêve dans le déroulement des hostilités.

☐

10 Attention aux temps! Où est l'erreur?

a. Paul était très bien élevé.
b. Il venait souvent jouer avec nous.
c. Lorsqu'il partit, il dit toujours au revoir.
d. Mais ce jour-là, il s'en alla sans rien dire.
e. Nous fûmes très surpris.

☐

11 Quel mot ne fait pas partie de la même famille?

a. fatal
b. fatidique
c. fataliste
d. fatalité
e. fat

☐

12 Où est la faute?

a. Je désire une chambre où je puisse dormir tranquille.
b. Y a-t-il un cadeau qui vous plaise?
c. Il semble qu'il ne sache rien.
d. Il me semble bien qu'il vous a rendu l'argent.
e. Il est vrai que cette addition soit trop élevée.

☐

13 Quelle affirmation est fausse?
- a. Ce skieur vient de faire un slalom.
- b. Il est presque arrivé.
- c. Il a gagné la course.
- d. Il est tombé juste avant la dernière porte.
- e. Il a raté sa course.

14 Une voiture d'occasion est:
- a. une bonne occasion
- b. une voiture de première main
- c. une voiture qui ne sert qu'occasionnellement
- d. une voiture qui n'est pas neuve, revendue par quelqu'un
- e. une voiture utilisée pour une certaine occasion

15 Que signifie l'expression:
Avoir voix au chapitre?
- a. dire son avis sur un chapitre de ce livre
- b. critiquer ce chapitre
- c. avoir le droit de donner son avis
- d. parler fort dans une discussion
- e. exprimer son avis

Unité 9

1 Où est l'erreur ?
a. Finis d'abord ton travail !
b. Cueillis ces fleurs !
c. Reviens tout de suite !
d. Ne va pas sur la chaussée !
e. N'aie pas peur du chien !

☐

2 Quel est l'intrus ?
a. exécuter
b. massacrer
c. décimer
d. exterminer
e. secourir

☐

3 Laquelle de ces expressions n'est pas française ?
a. Il pleut des cordes.
b. Il pleut des chats et des chiens.
c. Il pleut à verse.
d. Il pleut des hallebardes.
e. Il pleut à seaux.

☐

4 Laquelle de ces armes n'est pas toujours une arme ?
a. hallebarde
b. glaive
c. massue
d. canon
e. revolver

☐

5 Où est l'erreur ?
a. des après-midis
b. des faire-part
c. des trouble-fête
d. des vide-ordures
e. des terre-pleins

6 Qu'est-ce ?
a. c'est un ascenceur
b. c'est un escalator
c. c'est un escalier
d. c'est un lift
e. c'est un monte-charge

7 Quel oiseau ne fait pas partie de la famille ?
a. l'aigle
b. le faucon
c. la buse
d. le vautour
e. la pie

8 Achevez le dicton : *Il n'y a pas de fumée sans . . .*

a. raison
b. cause
c. origine
d. feu
e. flamme

9 Où est l'erreur ?

a. Monsieur, vous êtes un imminent statisticien !
b. Mon départ est imminent.
c. De cette éminence, on peut voir toute la contrée.
d. Son Eminence le Cardinal Marty est archevêque de Paris.
e. Changez d'attitude, sinon votre perte est imminente.

10 Où est l'erreur ?

a. Il a été condamné par la cour de justice.
b. Il a été condamné à travers la cour de justice.
c. La cour l'a condamné à 10 ans de prison.
d. Il a été pris par la police.
e. Il a été fait prisonnier par l'ennemi.

11 Quel est l'intrus dans cette famille ?

a. sourcilleux
b. sourcilier
c. sourciller
d. sourcil
e. souricier

12 Quelle est l'erreur ?
   a. Je crois que tu as raison.
   b. Je ne crois pas qu'elle a tort.
   c. Je ne veux pas que ton amie vienne à la maison.
   d. Je veux que tu rentres tôt ce soir.
   e. Je voudrais que vous fassiez attention.

13 Où dort-il ?
   a. sur un divan
   b. dans un fauteuil
   c. sur un matelas pneumatique
   d. sur un lit de camp
   e. dans un hamac

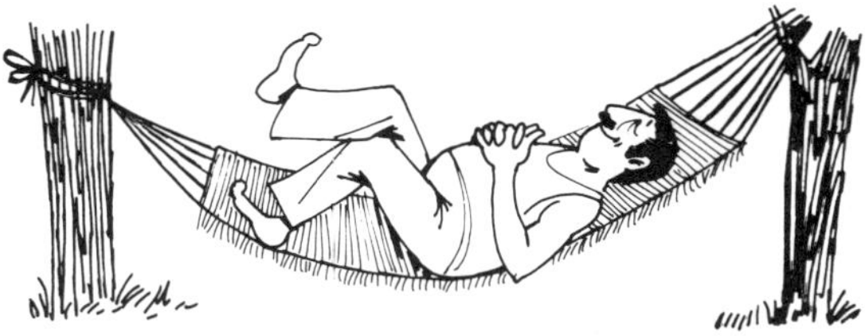

14 De quoi le tribunal ne vous menacera-t-il certainement pas ?
   a. d'une condamnation
   b. d'un châtiment
   c. d'une punition
   d. d'une amande
   e. d'une exécution

15 Que signifie l'expression :
Elle a été piquée au vif ?
a. Elle a été piquée par une aiguille.
b. Elle a reçu une blessure qui saigne.
c. Sa blessure est à vif, elle est écorchée.
d. Ella a été très vexée.
e. Elle est folle.

☐

Unité 10

1 Cherchez l'erreur :
a. Les bals sont très populaires à la campagne.
b. Les carnavals sont moins fêtés en France qu'en Allemagne.
c. Les festivals de jazz attirent beaucoup de monde.
d. Ce pianiste a donné des récitals dans le monde entier.
e. Le chat et le chien étaient ses commensals habituels.

☐

2 Quel mot ne fait pas partie de la série ?
a. un partenaire
b. un rival
c. un concurrent
d. un adversaire
e. un ennemi

☐

3 Quand direz-vous, très familièrement, *c'est cuit?*
a. Quand le repas est sur la table.
b. Quand le gâteau est cuit.
c. Quand vous avez manqué une dernière chance pour réussir.
d. Quand le rôti est à point.
e. Quand c'est le moment d'agir.

4 Dans une petite ville, un notaire est souvent . . .
a. un notoire
b. une notabilité
c. un notable
d. une notion
e. un écrivain public

5 Où est l'erreur?
a. des porte-monnaie
b. des garde-boue
c. des laissez-passer
d. des bains-marie
e. un porte-clef

6 Que porte cette dame?
a. un loup
b. une tête de loup
c. un loup de mer
d. un masque
e. un manteau

7 Lequel parmi ces poissons bien connus vit à la fois en eau douce et en eau salée ?

a. le thon
b. la sardine
c. le saumon
d. la morue
e. la raie

8 Que signifie l'expression : *Elle n'a pas encore trouvé chaussure à son pied ?*

a. Elle ne trouve pas de chaussures assez grandes.
b. Elle est difficile à chausser.
c. Elle est difficile dans le choix de ses chaussures.
d. Elle n'a pas encore trouvé de fiancé.
e. Elle ne porte pas de chaussures.

9 Quelle affirmation est inexacte ?

a. Un antiquaire vend des meubles anciens.
b. Un antiquaire ne vend que des livres d'occasion.
c. Un antiquaire est un brocanteur de luxe.
d. Un antiquaire peut vendre des livres anciens.
e. Un antiquaire vend des bijoux anciens.

10 Laquelle de ces phrases est incorrecte ?
   a. Tu ne peux pas aller au théâtre dans cette tenue.
   b. Il est impossible que tu ailles au théâtre dans cette tenue.
   c. Il n'est pas possible que tu ailles au théâtre dans cette tenue.
   d. Tu peux impossible aller au théâtre dans cette tenue.
   e. Que tu ailles au théâtre dans cette tenue ? Impossible !

☐

11 Quel est le verbe qui contredit tous les autres ?
   a. blâmer
   b. châtier
   c. porter aux nues
   d. réprimander
   e. fustiger

☐

12 Où est l'incorrection ?
   a. Vous voulez parler à M. le Directeur ?
   b. Un instant, il cause à sa secrétaire.
   c. J'insiste pour pouvoir lui parler d'une affaire importante.
   d. Il a fini de causer avec sa secrétaire.
   e. Ce Monsieur voudrait avoir un entretien avec vous.

☐

13 Dans quel verre boirez-vous votre champagne ?
- a. dans une coupe à champagne
- b. dans un calice
- c. dans une flûte à champagne
- d. dans un gobelet
- e. dans un verre à pied

14 Lequel de ces mots, qui peuvent avoir tous le même sens, a pris un sens opposé ?
- a. le sort
- b. le destin
- c. le fatum
- d. la fatalité
- e. la fortune

15 Que veut dire : *Prendre la poudre d'escampette ?*
- a. prendre de la poudre à priser
- b. voler du tabac
- c. fumer, priser
- d. s'enfuir rapidement, sans laisser de traces
- e. prendre un médicament

Unité 11

1 Où est l'erreur?

a. un légume
b. un lange
c. une fange
d. un girofle
e. une effluve

2 Quel est l'arbre qui ombrage le plus souvent les avenues et les places des villes ou villages de France?

a. le tilleul
b. le chêne
c. le hêtre
d. le peuplier
e. le platane

3 Achevez l'expression: *Il est têtu comme . . .*

a. un cheval
b. un âne
c. une mule
d. un mulet
e. un baudet

4 Voici différentes façons de tuer quelqu'un. Pour laquelle auriez-vous besoin d'une cordelette, par exemple?

a. poignarder
b. étrangler
c. empoisonner
d. étouffer
e. noyer

5 Où est la faute ?
- a. un métal, des métaux
- b. un chacal, des chacals
- c. un credo, des credo
- d. une paroi, des paroix
- e. un caveau, des caveaux

6 Que représente ce dessin ?
- a. une coque
- b. une coquille
- c. un coquillage
- d. une limace
- e. un escargot

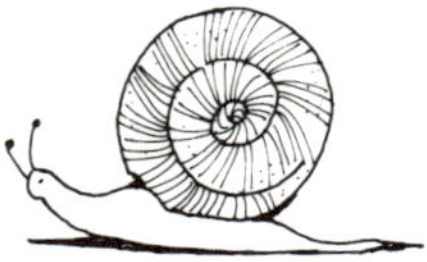

7 Parmi ces noms d'oiseaux, quel est l'autre nom de l'hirondelle ?
- a. alouette
- b. aronde
- c. mésange
- d. pivert
- e. étourneau

8 Que veut dire : *Ne touchez pas au grisbi ?*
- a. Ne touchez pas à mon chien.
- b. Ne touchez pas à mon porte-bonheur.
- c. Ne touchez pas à l'argent.
- d. Ne touchez pas au plat.
- e. Ne touchez pas à la boisson.

9 Quel est l'autre nom de la morue?
a. le bar
b. le cabillaud
c. le hareng
d. la raie
e. la sole

10 Où est l'erreur?
a. As-tu vu le film à qui l'on a donné la Palme d'Or à Cannes?
b. Regarde l'enfant à qui l'on donne un bonbon.
c. L'homme à qui je pense ne viendra pas ce soir.
d. Le village auquel je pense est le village de mon enfance.
e. L'homme auquel on donne du travail paraît content.

11 Quel est l'étranger dans cette série?
a. Le P.D.G. (Président-Directeur général)
b. l'adjoint
c. le collaborateur
d. l'assistant
e. l'aide

12 Où est la faute?
a. Je suis réussi à me libérer quelques minutes.
b. Cette photo est très réussie.
c. Je suis arrivé à défaire mes lacets.
d. Il m'est déjà arrivé de fumer.
e. Il réussit à se faire passer pour un marquis.

13 Que ne diriez-vous pas ?
   a. Ces dames sont arrêtées devant une vitrine.
   b. Ces dames regardent la vitrine.
   c. Elles font du lèche-vitrine.
   d. Elles contemplent la vitrine.
   e. Elles voient la vitrine.

14 Quel mot n'a pas le même sens que *fastidieux* ?
   a. assommant
   b. ennuyeux
   c. fatigant
   d. insipide
   e. fastueux

15 Que signifie : *Vendre des fleurs à la sauvette* ?
   a. vendre des fleurs qui guérissent
   b. vendre des fleurs à une personne appelée « sauvette »
   c. vendre des fleurs à une personne qui se sauve
   d. vendre en cachette, sans autorisation officielle
   e. vendre des fleurs qui sauvent

Unité 12

1 Où est l'erreur ?
a. un gouvernail, des gouvernails
b. un policeman, des policemans
c. un bleu, des bleus
d. un feu, des feux
e. le mal, les maux

2 Quel est l'intrus parmi ces oiseaux ?
a. le hibou
b. la chouette
c. le grand-duc
d. le chat-huant
e. l'alouette

3 Que veut dire : *Venez dîner ce soir à la bonne franquette ?*
a. Venez au lieu-dit : à la bonne franquette.
b. Venez au petit bistrot appelé : « A la bonne franquette ».
c. Venez partager notre dîner, en toute simplicité, à la fortune du pot.
d. Il y aura au menu de la franquette.
e. Venez dîner entre amis.

4 Quel mot peut avoir le même sens que *jeûne ?*

a. famine
b. régime
c. diète
d. disette
e. juvénil

5 Vérifiez les pluriels. Où est l'erreur ?

a. des cous-de-pied
b. des passe-partout
c. des garde-manger
d. des garde-malades
e. des pur-sang

6 Comment appelle-t-on la partie centrale de cette église ?

a. le bateau
b. les bas-côtés
c. la nef
d. la voûte
e. le hall central

7 Quel est l'intrus dans cette série ?

a. écraser
b. vaincre
c. triompher de
d. battre
e. se rendre

8 Que signifie: *Ils ont cassé du sucre sur son dos?*
  a. Ils ont fait quelque chose en cachette.
  b. Ils se sont servis de lui.
  c. Ils ont pris la meilleure part du gâteau.
  d. Ils l'on raillé, critiqué en son absence.
  e. Ils l'on blanchi de tous ses crimes. ☐

9 Vous demandez un devis . . .
  a. à un artisan pour savoir le prix de certains travaux.
  b. pour deviser ensemble.
  c. pour dévisser un écrou.
  d. pour diviser un gâteau en parts égales.
  e. pour partir à l'étranger. ☐

10 Où est la faute?
  a. J'espère posséder un jour un Picasso.
  b. Je prévoyais que je vous trouverai chez vous à cette heure.
  c. Je me demandais s'il me saluerait.
  d. Il te demande si tu es prêt.
  e. Si ton père était là, tu n'agirais pas ainsi. ☐

11 Quel est l'intrus dans cette famille?
  a. architecte
  b. architectonique
  c. architectural
  d. architrave
  e. archives ☐

12 Si Pierre dit: «*Elle ne viendra pas, je le crains*», il pourrait dire aussi:

a. Je crains qu'elle ne vienne.
b. Je ne crains pas qu'elle vienne.
c. Je ne crains pas qu'elle ne vienne pas.
d. Je crains sa venue.
e. Je crains qu'elle ne vienne pas.

13 Où y a-t-il confusion de mots?

a. Cet homme va commettre un vol.
b. Il est entré par infraction dans la maison.
c. Les vitres sont brisées.
d. Il va emporter des tableaux.
e. Sans doute ces tableaux ont-ils de la valeur.

14 Si vous avez trouvé une voiture bon marché, vous direz que vous l'avez eue pour un prix . . .

a. ridicule
b. dérisoire
c. risible
d. riant
e. dirimant

15 Qu'est-ce qu'*un maître-queux ?*

a. le diable
b. un pauvre hère
c. un cordon-bleu
d. un chef cuisinier
e. un champion de billard

Unité 13

1 Où est l'erreur ?

a. un voisin, des voisins
b. un interim, des interims
c. un maximum, des maxima
d. le verrou, les verrous
e. le biniou, les binious

2 Quel est l'étranger au milieu de ces arbres ?

a. acacia
b. charme
c. peuplier
d. sole
e. sapin

3 *C'est un conte à dormir debout* signifie:
a. C'est un conte ennuyeux.
b. C'est une histoire qui vous endort.
c. C'est un conte que l'on raconte aux enfants le soir.
d. C'est une histoire invraisemblable, absurde, inventée.
e. C'est un comte qui dort debout.

☐

4 Parmi ces poissons d'eau douce, quel est le poisson de mer?
a. la carpe
b. le brochet
c. la perche
d. le goujon
e. le cabillaud

☐

5 Vérifiez les pluriels. Lequel est faux?
a. un soprano, des sopranos
b. une auto, des autos
c. un duo, des duos
d. un canal, des canaux
e. un bocal, des bocals

☐

6 Comment est coiffée cette dame?

a. Elle a les cheveux bouclés.
b. Elle a un chignon.
c. Elle a les cheveux courts.
d. Elle les porte en bandeaux.
e. Elle a une natte.

☐

7 Quel est l'intrus dans cette série ?

a. combattif
b. agressif
c. belliqueux
d. inoffensif
e. guerrier

8 Que veut dire : *Cette théorie sent le fagot ?*

a. Le papier a une odeur de bois.
b. Cette théorie semble hérétique.
c. Cette théorie flatte les puissants.
d. Cette théorie est démodée.
e. Cette théorie est fausse.

9 Lorsque des soldats, des marins se révoltent, il s'agit d'une . . .

a. révolution
b. émeute
c. mutinerie
d. jacquerie
e. échauffourée

10 Où est la faute ?

a. J'aurais fait attention, si j'aurais su qu'il y avait du verglas.
b. Si tu travailles bien, je t'achèterai une bicyclette.
c. S'il ne fait pas beau, tu restes à la maison.
d. Si j'avais confiance en moi, je ne serais pas aussi timide.
e. Je l'eusse aimée, si j'avais été plus jeune.

11 Quel est l'étranger dans la série ?
a. gaine
b. gainer
c. dégainer
d. gain
e. rengainer

12 Quelle phrase est incorrecte ?
a. Le journal rapporte ce fait divers.
b. Elle rapporte que le roi est mort.
c. Il a rapporté sur le congrès.
d. Il a fait un rapport sur la misère des peuples du Tiers-Monde.
e. Nous rapportons votre parapluie.

13 Quelle affirmation est fausse ?
a. Deux hommes sont assis à une terrasse de café.
b. Ils ont commandé des consommations.
c. Ils fument des cigares.
d. Ils boivent un apéritif.
e. Ils font partie de la Ligue anti-alcoolique et de la Ligue antitabac.

14 Quand on parle des *arcanes* de la politique, on veut dire . . .
a. les détours de la politique
b. les roueries de la politique
c. les mystères de la politique
d. les manœuvres de la politique
e. les hypocrisies de la politique

15 Que signifie: *Il a travaillé pour le roi de Prusse ?*
a. Il était un soldat au service du roi de Prusse.
b. Il était un espion prussien.
c. Il a travaillé en pure perte.
d. Il a jadis travaillé en Prusse.
e. Français, il a travaillé pour les services d'espionnage prussiens.

Unité 14

1 Où est l'erreur ?
a. un desideratum, des desiderata
b. un spécimen, des spécimen
c. un joyau, des joyaux
d. un genou, des genoux
e. un ormeau, des ormeaux

2 Quel est l'intrus dans la série ?
a. cache-nez
b. cache-col
c. cache-sexe
d. cache-pot
e. cache-cache

3 Que signifie : *à brûle-pourpoint ?*
a. très proche
b. en contact étroit
c. brusquement, sans ménagement
d. sans chemise sous le pourpoint
e. de façon à brûler votre pourpoint

4 Quel mot n'a pas – ou n'a plus – de sens péjoratif ?
a. la valetaille
b. la marmaille
c. la racaille
d. la pagaille
e. la rocaille

5 Où est l'erreur ?
a. des gratte-ciel
b. des timbres-poste
c. des porte-bagages
d. des haut-parleurs
e. des rabat-joies

6 Que représente ce dessin ?
a. une girandole
b. une rose des vents
c. un mouvement giratoire
d. une girouette
e. une enseigne

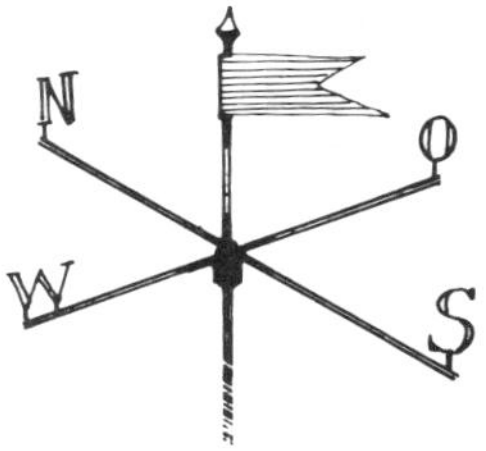

7 Lequel de ces arbres a un feuillage persistant (toujours vert) ?
a. l'orme
b. l'if
c. l'aulne
d. le peuplier
e. le platane

8 Que veut dire l'expression familière: *Poser un lapin à quelqu'un ?*
a. donner un lapin à quelqu'un
b. lui fracturer les vertèbres cervicales
c. ne pas venir à un rendez-vous donné
d. lui opposer une fin de non-recevoir
e. poser un problème à quelqu'un

9 Lequel parmi ces employés a le plus de chances de conserver son poste ?
a. l'intérimaire
b. l'auxiliaire
c. le titulaire
d. le remplaçant
e. le vacataire

10 Où est l'erreur ?
a. Il convaint son ami de venir avec lui.
b. Je convaincs ma mère de nous accompagner.
c. Il plaint les malades.
d. Elle recoud un bouton.
e. L'eau bout sur le gaz.

☐

11 Quel est l'étranger dans cette famille ?
a. galaxie
b. nébuleuse
c. voie lactée
d. étoile
e. galalithe

☐

12 Quelle tournure est impossible en français ?
a. Je crains qu'il ne fasse déjà nuit à sept heures.
b. Je crains, tu es en retard.
c. Tu es en retard, je le crains.
d. Je crains que tu ne sois en retard.
e. Je ne crains pas que tu sois en retard.

☐

13 Découvrez l'erreur:

a. La foule est rassemblée devant le Monument aux Morts.
b. Le président tient une allocation.
c. La foule écoute, recueillie.
d. A droite, nous voyons les Anciens Combattants avec leurs drapeaux.
e. L'élocution du président est parfaite.

☐

14 Que veut dire: *Mettre quelqu'un à la diète ?*

a. Lui faire suivre un certain régime.
b. L'élire à une assemblée, au Parlement.
c. Lui donner à manger certains aliments.
d. Le priver de nourriture, le soumettre à un jeûne total.
e. Lui donner beaucoup de nourriture.

15 Que signifie : *Donner le change ?*
a. Donner de la monnaie à quelqu'un.
b. Changer des devises.
c. Tromper, induire en erreur.
d. Changer les langes d'un bébé.
e. Changer brusquement d'attitude.

Unité 15

1 Où est l'erreur ?
a. un scenario, des scenarii
b. un alibi, des alibi
c. un vœu, des vœux
d. un écrou, des écrous
e. un caillou, des cailloux

2 Lequel de ces mots ne désigne pas la couleur rouge ?
a. pourpre
b. carmin
c. indigo
d. vermillon
e. cinabre

3 Que signifie l'expression : *Il y a belle lurette . . .*
a. il y a une jolie fille
b. il y a une belle luronne
c. il y a bien longtemps
d. il y a une bonne heure
e. il y a un beau point de vue

4 Une révolte de paysans est appelée:
a. une révolution
b. une émeute
c. une jacquerie
d. une échauffourée
e. un soulèvement

5 Où est l'erreur?
a. Le roi visita le confin de son royaume.
b. Les gardes étaient aux aguets.
c. Le roi a ouvert des pourparlers avec l'ennemi.
d. L'ennemi fait des préparatifs de guerre.
e. Il faut défendre la terre des ancêtres.

6 Que représente ce dessin?
a. un rosaire
b. un roseau
c. une rosette
d. une rosace
e. un vitrail

7 Quel est l'intrus ?
a. mandat
b. mandataire
c. mandant
d. mandater
e. menteur

8 Que signifie : *Il s'en soucie comme d'une guigne ?*
a. Il le garde comme la prunelle de ses yeux.
b. C'est son plus cher souci.
c. Cela l'intéresse beaucoup.
d. Il s'en occupe comme de son propre enfant.
e. Cela le laisse totalement indifférent.

9 Un jour heureux est un jour . . .
a. fastidieux
b. fatal
c. fatidique
d. faste
e. fastueux

10 Où est l'erreur ?
a. J'espère de faire un jour le tour du Monde.
b. J'aspire au repos.
c. J'espère que tu feras des progrès.
d. Tu as coupé le gaz, j'espère ?
e. Je suis sûre que tu seras célèbre un jour.

11 Quel est l'étranger dans cette famille ?
a. ventriloque
b. polyglotte
c. soliloque
d. dialogue
e. taciturne

☐

12 Où est la faute ?
a. Je doute qu'il ait fait fortune.
b. Croyez-vous qu'il soit sincère ?
c. Je crois bien qu'il est mort.
d. Je veux que tu fais ton lit immédiatement.
e. J'espère que vous serez bientôt rétabli.

☐

13 Quelle affirmation est inexacte ?
a. Cet homme revient de la chasse.
b. C'est un fin fusil.
c. Sa besace est pleine.
d. Il tient un lièvre par les oreilles.
e. Il revient bredouille.

☐

14 Qu'est-ce qu'un vieillard *valétudinaire ?*
a. un vieillard qui fait ses adieux
b. un valet âgé
c. un vieillard capricieux
d. un vieillard à la santé précaire
e. un vieillard valide

15 Que veut dire : *Nous voilà dans un beau pétrin ?*
a. Nous voilà dans l'ambiance.
b. Nous voilà dans le bain.
c. Nous voilà concernés.
d. Nous voilà dans une situation bien embarrassante, difficile.
e. Nous voilà à l'endroit où se trouve le pétrin du boulanger.

Réponses

Réponses

Unité 1

1 **e.** Une *sirène.*
2 **a.** Un *couple* n'est formé que de deux personnes. Les autres mots désignent des communautés plus fournies. *La paroisse* est une communauté religieuse.
3 **b**
4 **a.** Une *dérogation:* le fait de s'écarter d'une loi.
Exécrer: haïr
Exonérer: décharger des frais
5 **b.** Le chien *furète* . . .
6 **a.** Un *sautoir* est une longue chaîne ou un long collier.
7 **c.** Le *souffleur* est dans sa cage, dans son trou.
8 **b**
9 **b.** Cf. le *garde*-champêtre, le garde-chasse.
Un *gardeur,* une gardeuse d'oie, de vaches.
Un *gardien* d'immeuble, un gardien de la paix.
Un *gardian* (provençal) : qui garde les troupeaux de taureaux et de chevaux sauvages.
Le *gard* n'existe pas. (Le *Gard:* rivière, affluent du Rhône et département français).
10 **b.** Ils *haïssent* . . .
11 **e.** Un *mousse* est un jeune matelot. Ne pas confondre avec *la* mousse (l'écume, ou la végétation qui recouvre les vieux troncs d'arbres).
12 **a.** Bien que tu *sois* mon ami.
13 **c.** Un *prévaricateur:* qui manque aux devoirs de sa charge ou de son ministère, par intérêt ou mauvaise foi.
14 **d.** Mais vous pourriez dire: Il a agi *cavalièrement,* c'est un peu *cavalier,* au sens de: mal élevé, impertinent, mal poli.

15 **a.** Toutes les autres solutions sont incorrectes.
On pourrait dire *je vous attends demain*.

Unité 2

1 **b.** *L'essor. Le mort, la morte:* personne décédée.
2 **e.** Le *désert*. (Le Sahara serait difficile à avaler).
Mais un dessert, oui!
3 **c.** C'est une histoire invraisemblable.
4 **c**
5 **b.** Le gel *craquelle* le sol.
6 **a.** *Sépulture* est un terme noble, assez général.
Donner une *sépulture* aux morts, les enterrer.
Un *caveau* de famille est une tombe avec plusieurs cellules pour les différents membres de la famille, souvent surmontée d'un édifice commémoratif aux formes diverses.
D'autre part, il peut désigner la cave d'un vigneron où l'on déguste le vin, ou encore un cabaret, un café.
7 **b**
8 **b.** Cf. *avoir une bonne assiette:* bien monter à cheval, avoir un bon équilibre.
9 **d.** Un *ver* de terre.
10 **a.** Il lui *déplaît* de ...
11 **e.** Un *cachemire:* tissu ou tricot fin en poil de chèvre du Cachemire.
12 **a.** Dites: *bien que le soleil brille* ..., ou: *malgré le soleil* ...
13 **d**
14 **b**
15 **c**

Unité 3

1 **a.** *Une* anagramme.

2 **e.** Au sens premier, une *gaffe* est une perche munie d'un crochet pour manœuvrer les embarcations ou accrocher le poisson.
Dites: faire une *gaffe*, une *bévue*, un *impair*.
Une *maladresse* peut ne pas être choquante, mais attendrissante.
3 **c**
4 **b**
5 **b.** Nous *harcelons* . . .
6 **c.** *L'allumeur* est l'homme qui allume le feu, le gaz.
Une *brique* est une pierre rectangulaire fabriquée avec de l'argile séchée, employée en construction, de couleur rougeâtre.
Une *briquette* est une brique de tourbe, utilisée pour le chauffage.
7 **e**
8 **d**
9 **b.** La *merise* est une cerise sauvage.
Le bois de *merisier* est très utilisé en ébénisterie.
10 **a.** Il va *succéder* à . . .
11 **d.** Les *généraux* ne sont pas toujours *généreux*, c'est-à-dire bons, charitables, prodigues!
12 **b.** *Bien qu'il fasse beau dehors* . . .
13 **e**
14 **e.** Il *enlève* ses chaussettes . . .
15 **b**

Unité 4

1 **b**
2 **e**
3 **c.** *Marcher d'un pas de sénateur* signifie marcher d'un pas digne, posé, sans précipitation.
4 **a**
5 **c.** L'agent *interpelle* un cycliste.
6 **d.** Une *tête-de-loup* est une brosse ronde munie d'un long manche pour nettoyer les plafonds.
7 **e.** Seul le *câble* n'est pas creux!
Bien sûr, vous songerez à la *conduite* de telle ou telle personne, mais il y a aussi les *conduites d'eau*.

8 **b**

9 **c**

10 **c.** Il *vénère* sa mère.

11 **b.** Du moins sur les deux colonnes de votre extrait de compte bancaire! *Avoir* et *crédit* ont alors la même signification.
Lorsque vous devez de l'argent à quelqu'un, vous avez des *dettes*.

12 **d.** Quoique le chat *dorme* . . .

13 **a**

14 **c.** Le professeur la *fait* sortir. (C'est un ordre, ce n'est pas une permission).

15 **d**

Unité 5

1 **d.** Des baux.
Un *soupirail* est une fenêtre de cave ou de sous-sol.

2 **e.** Le *cabriolet* est bien trop élégant au milieu de ces voitures de paysans!

3 **c**

4 **e**

5 **d.** Un *compte-gouttes*, pour compter les gouttes.

6 **d.** *Arcane* est surtout employé au pluriel au sens de: mystères, secrets.

7 **e.** Le *loup* au fenouil est un plat de poisson très apprécié en Provence!

8 **d.** Seuls les gens de qualité possédaient un carrosse!

9 **b.** Un quartier *populeux* . . .

10 **c.** Les hamsters que Pierre s'est *procurés* . . .

11 **e.** Le petit *mitron* est l'apprenti-boulanger.
(A cause des bonnets en forme de *mitre* que portaient les boulangers).

La *crosse* est l'un des insignes des évêques.
Le chapitre ici est l'ensemble des chanoines.
(Cf. avoir voix au chapitre).

12 **e.** Il craint que vous ne lui *jouiez* . . .
13 **d.** Un *oratoire* est un lieu fait pour prier, une chapelle.
14 **a.** *Fastidieux* veut dire ennuyeux.
Un jour *faste* est un jour heureux.
Un jour *fatal* est un jour néfaste.
Le jour *fatidique* est un jour marqué par le sort, par le destin.
15 **b.** Les *vessies*, poches tirées du corps d'un animal et remplies d'air, n'éclairent nullement.

Unité 6

1 **a.** *Une* octave.
2 **e.** La *seiche* (ou calmar) est un mollusque à coquille interne. Ce n'est pas un crustacé.
3 **e**
4 **d.** Les moutons *bêlent*.
Les vaches *beuglent* ou *meuglent*.
5 **c.** Un *pare-chocs* pour parer les *chocs*.
6 **c**
7 **e.** *L'épée* est une arme. Les autres mots désignent toutes sortes de drapeaux.
8 **d**
9 **e.** Il faudrait dire:
Il fait *irruption* dans la pièce.
L'*irruption* des Barbares . . .
Une *éruption* de boutons . . .
La police fit *irruption*.
10 **e.** Il faudrait dire:
J'*ai réussi à* ouvrir cette boîte.
J'*ai réussi à* ouvrir la porte.
Nous avons réussi *à* semer . . .
Pierre *a* bien réussi . . .
Mais on peut dire: *cette photo est très réussie*.
11 **e.** La *téléologie* est l'étude de la finalité, la science des fins de l'homme et n'a rien à voir avec le préfixe *télé* – signifiant *au loin*, à distance.

12 **c.** Il faut dire: *Je crois qu'il est mort,* car comme vous le croyez vraiment, il n'y a pas l'idée de doute. Mais comparez c) et e). La négation (ou l'interrogation) réintroduit souvent une nuance de doute, d'où le subjonctif.

13 **d**

14 **e.** Un *interrogatoire* est souvent mené par un juge d'instruction ou par la police pour établir les faits. Familier: faire la *causette.*

15 **c.** Les pauvres seraient tentés de faire appel au diable . . .

Unité 7

1 **d.** Les *cerceaux.*

2 **e**

3 **d**

4 **c**

5 **d.** Des *aide-mémoire,* pour aider la mémoire.

6 **c**

7 **e.** L'*aveugle* ne voit pas, tandis que les autres voient même l'avenir! Mais la légende veut que les prophètes soient souvent aveugles aussi à la réalité quotidienne, pour mieux voir l'avenir.

8 **d**

9 **e.** . . . des idées très *originales.*

10 **a.** Il n'a pas répondu *à* ma question.
Répondre de (voir c.) signifie *se porter garant de* . . .

11 **b.** La *patine* (de l'italien: patina) est le dépôt qui se forme sur certains objets anciens, la couleur qu'ils prennent avec le temps, tandis que les autres mots dérivent de *patin* (patins à glace, patins à roulettes) au sens de chaussure.

12 **b.** *Il est juste que tu sois récompensé.*

13 **a**

14 **b.** Dites: *Il s'est couvert de ridicule devant tout le monde . . .*
Blâmer quelqu'un: le critiquer, l'accuser, le

censurer.

15 **d**

Unité 8

1 **b.** *Un* planisphère.
Un barde est un poète celtique, mais *une* barde est une mince tranche de lard qui entoure un rôti.

2 **b**

3 **c**

4 **d.** Le *vair* est une fourrure de petit-gris, blanche et grise.

5 **b.** Des *serre-tête,* qui serrent la tête.

6 **d.** Les *moulures* sont des ornements en creux ou en relief d'un plafond, d'une corniche.
La *tringle* permet d'accrocher les rideaux devant les fenêtres.

7 **d**

8 **c**

9 **a.** *Le Président a signé l'amnistie de tous les crimes politiques.*
L'amnistie est l'annulation officielle de certains crimes.

10 **c.** *Lorsqu'il partait, il disait toujours au revoir.* (Le fait se répète).

11 **e.** *Fat:* sot, prétentieux.

12 **e.** *Il est vrai que cette addition est trop élevée.*
Comparez c) et d): *il me semble bien qu'il vous a rendu l'argent,* car vous en êtes bien persuadé, vous n'en doutez pas.

13 **c**

14 **d.** Une voiture de *première main* n'a eu qu'un seul autre propriétaire avant vous.

15 **c.** Le *chapitre* est ici l'assemblée des religieux ou des chanoines.

Unité 9

1 **b.** *Cueille ces fleurs.*

2 **e.** Tous les autres verbes signifient: faire mourir.

3 **b**

4 **d.** *Canon* a aussi le sens de règle, ensemble de règles.
Cf. le canon de la beauté.
5 **a.** *Des après-midi.*
6 **b.** *Lift* n'est pas français.
7 **e.** La *pie* n'est pas un rapace.
8 **d**
9 **a.** Vous êtes un *éminent statisticien*.
10 **b.** . . . *par* la cour.
11 **e.** Un chat *souricier* attrape les souris.
Sourcilier: relatif aux sourcils; cf. l'arcade sourcilière.
Sourcilleux: pointilleux.
12 **b.** *Je ne crois pas qu'elle ait tort.*
13 **e**
14 **d.** L'*amande* est un fruit, mais l'*amende* une peine pécuniaire.
15 **d**

Unité 10

1 **e.** . . . *ses commensaux* habituels; un commensal, qui mange habituellement à la même table avec une autre personne.
2 **a**
3 **c**
4 **c.** *Notabilité* a quelquefois aussi le sens de *notable*, personnage important, bien connu.
Notoire est toujours un adjectif: *c'est un fait notoire* . . ., il est bien connu que . . .
Une *notion* est un concept, une idée.
5 **e.** Un *porte-clefs*, pour porter *les* clefs.
6 **a.** Un *loup* est ici un petit masque qui cache les yeux.
Une *tête de loup* est une brosse pour nettoyer les plafonds.
Un *loup de mer* est un vieux marin, un marin expérimenté.
7 **c.** Le *saumon*, poisson migrateur qui remonte les fleuves au moment du *frai* (ponte des œufs).

8 **d**

9 **b.** Un *antiquaire* vend tous les objets anciens de quelque valeur.
Il y a des libraires spécialisés dans les livres d'occasion. Ceux qui sont installés sur les quais à Paris sont appelés *bouquinistes* (de *bouquin*, livre).

10 **d.** Employez l'une des autres formules, au choix!

11 **c.** *Porter aux nues:* chanter les louanges.

12 **b.** Il *parle*, il s'*entretient* avec sa secrétaire.
Causer peut s'employer pour: s'entretenir familièrement avec quelqu'un, par exemple: causer ensemble, causer longuement de cette affaire.

13 **c.** A l'heure actuelle, la *flûte* a détrôné la *coupe!*
Question de mode!
Un *gobelet:* un verre sans pied.

Un calice: un vase sacré au sens religieux.

En botanique: le calice d'une fleur.

14 **e.** La *bonne* ou la *mauvaise fortune*.
Il a de la fortune ne veut pas dire: *il a de la chance*, mais il a des biens, il est riche.

15 **d.** D'une forme ancienne *escamper:* s'enfuir, déguerpir.

Unité 11

1 **e.** *Un* effluve: une exhalaison, vapeur.
On dit la plupart du temps: un clou de girofle (épice).
La *fange:* la boue. *Se rouler* dans la fange.

2 **e**

3 **c.** Un *baudet:* familier pour âne.
Cf. *chargé comme un baudet*.

4 **b**

5 **d.** Des *parois.*
6 **e**
7 **b**
8 **c.** En argot, l'argent est le *grisbi*, le *fric*, l'*oseille*, etc . . .
9 **b.** *Cabillaud* est le nom de la morue fraîche.
10 **a.** *As-tu vu le film auquel* . . ., car il ne s'agit pas d'une personne, mais d'une chose.
Mais on peut dire indifféremment:
– L'homme *à qui* je pense . . .
– L'homme *auquel* je pense . . .
11 **a.** Tous les autres sont des subordonnés.
12 **a.** *J'ai réussi* à me libérer . . .
13 **e.** *Voir* est trop vague ici. Ces dames désirent voir, donc elles *regardent.*
14 **e.** *Fastueux:* luxueux, somptueux.
15 **d.** Souvent, la marchandise est dans un parapluie ou une mallette que le vendeur referme à la hâte pour se sauver à l'arrivée de la police.

Unité 12

1 **b.** Des *policemen.*
2 **e.** L'*alouette* est un oiseau du matin, tandis que les autres chassent la nuit.
3 **c.** Il n'existe pas de plat appelé la *franquette*, mais une *blanquette* est un plat de veau en sauce.
4 **c.** La *diète* est un jeûne imposé par le médecin. La *disette* (manque de vivres) peut dégénérer en véritable *famine.*
5 **d.** Des *gardes-malades:* des gardes (gardiens) pour les malades.
Mais: des *garde-manger*, des armoires pour garder le manger.
Un (cheval) *pur-sang* est invariable.
6 **c.** La *nef.*
Poétique pour navire.
7 **e**
8 **d**

9 **a.** Un *devis* est une estimation du coût de certains travaux.
Pour partir à l'étranger, il vous faut des *devises*.
Deviser: parler, discuter.
10 **b.** . . . que je vous *trouverais* . . .
11 **e.** Les *archives* (documents anciens, historiques) n'ont rien à voir avec l'*architecture*.
12 **e**
13 **b.** Il est entré par *effraction* dans la maison.
14 **b.** Pour un prix *dérisoire*.
Dirimant: qui annule (juridique).
15 **d.** Tous les *chefs cuisiniers* ne sont pas toujours des *cordons bleus*, d'excellents cuisiniers.

Unité 13

1 **b.** Des *interim*.

Un *biniou* est un instrument de musique breton, une sorte de cornemuse.
2 **d.** La *sole* est un poisson plat, mais le *saule* est un arbre que vous trouverez au bord des rivières.
3 **d.** Attention: un *comte* (masculin de *comtesse*), titre de noblesse.
4 **e.** Le *cabillaud* est le nom de la *morue* fraîche.
5 **e.** Des *bocaux*.
On peut aussi garder le pluriel italien: des *soprani*.
6 **b**
7 **d.** Un enfant *inoffensif:* qui n'attaque pas, incapable de nuire.
8 **b.** Le *fagot*, morceaux de bois attachés ensemble par un lien, alimentait le bûcher où l'on brûlait les hérétiques.
9 **c.** Une *échauffourée* est une bagarre confuse ou un court accrochage militaire.

10 **a.** . . . *si j'avais su* . . .
Au lieu de: je *l'aurais aimée,* vous pouvez dire dans un contexte plus littéraire: *je l'eusse aimée.*

11 **d.** *Gain* vient de *gagner* et non de *gaine.*
Dégainer: sortir l'épée de son étui, de sa gaine, de son fourreau.
Rengainer: remettre l'arme dans sa gaine.
Une *gaine* est aussi un sous-vêtement en tissu élastique enserrant les hanches et la taille.
Gainer: mouler, tapisser.

12 **c.** *Il a fait un rapport* sur le congrès.
e) Sens concret de: redonner, rendre.

13 **e**

14 **c**

15 **c.** Les premiers rois de Prusse avaient la réputation de ne pas payer très généreusement leurs soldats.
Cf. l'expression (populaire): travailler pour des prunes: travailler pour rien.

Unité 14

1 **b.** Des *spécimens.*
Un *spécimen* est un échantillon, un exemple.

2 **e.** C'est un jeu: *jouer à cache-cache.*

3 **c.** Littéralement: *à bout portant,* en mettant l'arme sur le pourpoint (ou la tunique) de l'adversaire.

4 **e.** La *rocaille:* pierres qui jonchent le sol. Terrain pierreux, où rien ne pousse.
Mais en art, le baroque et le rococo ont réhabilité ce mot et utilisé des pierres et des coquillages pour construire des grottes artificielles ou des éléments de décoration.
La *valetaille:* les valets dans l'ensemble.
La *marmaille:* les enfants
La *racaille:* populace méprisable.
La *pagaille:* le désordre.

5 **e.** Des *rabat-joie,* qui rabattent *la* joie.

6 **d**

7 **b**

8 **c**

9 **c.** C'est le *titulaire* du poste.
Un *vacataire* est payé à la séance et touche des *vacations* (honoraires, émoluments).

10 **a.** Il *convainc* . . .

11 **e.** La *galalithe* n'a rien à voir avec l'astronomie. C'est un produit plastique fabriqué à partir de la caséine pure.

12 **b.** Il faut dire: *je crains que tu ne sois en retard.*

13 **b.** Une *allocation* est une aide financière alloué à quelqu'un.
Le président tient une *allocution*, un bref discours.
L'*élocution:* la prononciation, la façon de parler.

14 **d.** Si vous ne devez manger que certains aliments, vous devez *suivre un régime*.
La *diète* est aussi une assemblée, un Parlement.
Cf. La *Diète* de Francfort.

15 **c.** *Donner le change:* cacher son jeu.
Change pour *monnaie* est de l'anglais!
La pancarte *change* dans les banques indique le guichet où l'on peut changer de l'argent, échanger des devises.

Unité 15

1 **b.** Des *alibis*.

2 **c.** L'*indigo* est bleu.
Le *cinabre* est la couleur rouge du sulfure de mercure.

3 **c.** Déformation de *heurette* en *lurette*.
(Heurette = une petite heure).

4 **c**

5 **a.** Toujours au pluriel: . . . *les confins de son royaume*.

6 **d.** Un vitrail en forme de rose est une *rosace*.
Le *rosaire:* le chapelet.
La *rosette* de la Légion d'Honneur: petit ruban porté à la boutonnière qui indique que vous avez obtenu cette haute distinction.
Les *roseaux* poussent au bord des rivières.

7 **e.** *Mandater* quelqu'un: confier à quelqu'un (le mandataire) la gestion d'une affaire.
Les électeurs sont les *mandants* de leur élu qui a un *mandat* de député.
Envoyer un *mandat* par la poste: envoyer de l'argent par la poste.

8 **e.** Une *guigne* (populaire) est une petite cerise.

9 **d**

10 **a.** J'*espère faire* . . . le tour du Monde.

11 **e.** Un homme *taciturne* parle peu.
Le *ventriloque* parle avec son ventre, sans remuer les lèvres.
Polyglotte: qui parle de nombreuses langues étrangères.
Un *soliloque:* discours d'une personne qui se parle à elle-même, monologue intérieur.

12 **d.** *Je veux que tu fasses* . . .

13 **e.** *Revenir bredouille:* sans avoir tué un seul moineau.

14 **d**

15 **d.** Il serait en effet bien difficile de se sortir tout seul du pétrin du boulanger, lorsqu'il est rempli de pâte gluante!

Ihr Testergebnis

Unité 1	
Unité 2	
Unité 3	
Unité 4	
Unité 5	
Unité 6	
Unité 7	
Unité 8	
Unité 9	
Unité 10	
Unité 11	
Unité 12	
Unité 13	
Unité 14	
Unité 15	
GESAMT	

Wie geht es weiter?

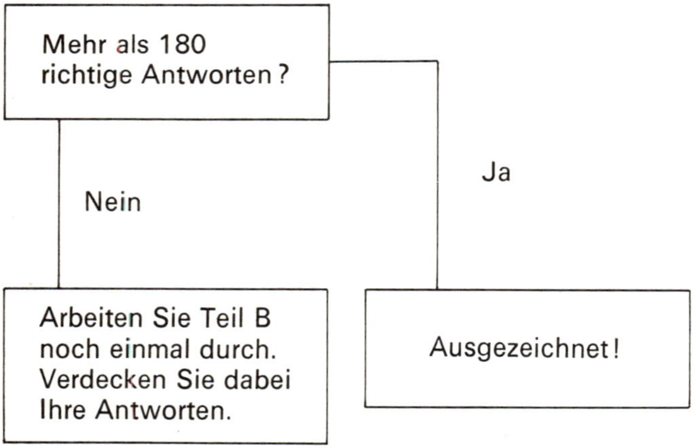

Inhalt